히트 CF

히트 CF

2006년 5월 29일 1판 1쇄 발행

지은이 한국환 · 오호준
발행인 김현표
발행처 미진사
서울시 마포구 서교동 464-41 미진빌딩
전화 : 336-6084(代) 팩스 : 338-5391
홈페이지 www.mijinsa.com
이메일 mijinsa@mijinsa.com
등록번호 제1-159호

값 18,000원
ISBN 89-408-0275-6

히트 CF

한국환 · 오호준 지음

미진사

머리말

1956년 6월 한국 최초의 상업 TV HLKZ-TV가 첫 방송 광고를 내보낸 지 올해로 50년이 된다. 그간 방송 광고는 경제 발전의 윤활유 역할을 해왔을 뿐만 아니라 소비자에게 보다 풍부하고 쾌적한 경제 · 문화적인 생활의 설계와 지혜를 주었다. 아울러 행동 양식과 생활 정보의 제공 등 개인의 욕구에서 공익성을 내세운 사회적 요구에 이르기까지 그 영역을 넓히는 외형적 발전을 가져왔다.

광고 방송의 발상지인 미국은 1948년부터, 일본은 1972년부터 매년 우수 CF를 선정하여 명예의 전당에 '클래식' 으로 헌정해오고 있다. 이러한 예는 CF를 공적 재화에서 문화자산으로까지 위상을 높인 경우에 해당한다는 점에서 주목하지 않을 수 없다. 반면 우리의 CF는 1990년대에 와서야 영상계의 독립된 장르로 인정받기 시작했으며, CF 감독, CF PD 등의 직업이 CF 지망생들에게 매력적으로 다가오게 된 것도 이러한 흐름과 무관하지 않다. 게다가 이들이 만든 영상 테크닉은 영화, 방송 제작에도 커다란 영향을 줄 정도로 인정받고 있다.

문제는 CF 관련 인적 자원의 부족이다. 지상파 방송 매체뿐만 아니라 케이블, 위성, 인터넷 등으로 대표되는 다채널 시대에는 들어가는 문과 길이 있다 하더라도, 제대로 준비되지 않은 새내기들에겐 여전히 미로와 같다. 대학에는 독립된 CF 전문 커리큘럼이 없다. 영화학과, 신문방송학과 등에서 간간이 몇 시간의 특강을 할 뿐이고, 관련서적도 개론 수준에 머물러 있다.

이 책에는 지난 10여 년간 방영된 수천 점의 CF 작품 중에서 CF에 입문하는 새내기들에게 참고가 될 만한 CF의 골격과 실천 위주의 사례들이 풍부하게 담겨 있다. 제1장 'CF의 종류 및 업종별 표현 기법' 에서는 CF의 기초적인 틀을 제시했다. 제2장 '히트 CF' 에서는 시장에서의 성공은 물론 국내외 각종 대회에서 수상한 명작들을 중심으로, 국내 유수의 감독 · PD · 기획자가 들려주는 소중한 제작 · 기획노트를 한데 모아 명작의 탄생 배경을 알기 쉽게 정리하였다.

이 책이 나오기까지 도움 주신 분들이 많다. 김경근 교수(고려대 언론대학원), 김동성 회장(한국방송독립제작사협회), François Jost 교수(파리 4대학 커뮤니케이션), 이인호 회장(LG 애드), 정남 대표(정남 프로덕션), 추남 회장(서울 디렉터스 클럽), 원석희 회장(한국광고영상제작사협회), 한봉진 대표(동양 프로덕션), 임연상 CP(MBC 프로덕션), 김기철 국장(CN 프로덕션), 유영수 부장(CN 프로덕션), 김철호 부장(DY 프로덕션), 정병섭 부장(한국방송광고공사), 이희우 작가(한국방송작가협회장), 나은영 PD(프리랜서), 그리고 격려와 귀한 글과 작품을 주신 제일기획, 금강기획, TBWA, LG 애드 등의 담당 AE, PD, 프로덕션의 대표감독들과, 인내를 가지고 이 졸고를 다듬어주신 미진사 편집부에 깊은 감사를 드린다.

2006년 4월 한국환, 오호준

차례

제1장 CF의 종류 및 업종별 표현 기법

제2장 히트 CF

제1장 CF의 종류 및 업종별 표현 기법

CF엔 고정된 문법이 없다고들 하지만 최소한의 기본틀은 있다. 컬러TV 시대가 열리면서 생활환경과 의식이 모노톤(mono-tone)에서 컬러로 바뀌었고, 소비자들은 다양하고도 새로운 서비스와 감각적인 디자인의 생활용품을 요구하기 시작했으며, 정보화 시대로 접어들며 세계의 문이 열리자 실시간으로 서구적 생활 패턴을 접하게 된 소비자들의 눈높이는 점점 세련되어갔다. CF도 이에 뒤질세라 코드를 맞추느라 숨가쁘기만 하다. 직설법형의 정통 기법인 재래식 메시지형도 있기는 하지만, 업종을 불문하고 광고 전반에 자리잡은 큰 흐름은 현란한 액션, 사이버틱하면서도 감각적인 역동성, 황당한 설정 등의 표현 기법이다.

이 장에서는 이러한 주요 흐름을 염두에 두고 CF 제작의 기초지식과 기본틀을 제시하고자 한다. 단 이 사례들은 그저 참고에 그쳤으면 한다. CF는 방송이 끝남과 동시에 올드 패션(유행에 뒤진)이 되는 속성을 지니고 있기 때문이다. 따라서 CF 입문자들은 새로운 생활문화 연출자로서 끊임없는 실험정신으로 표현 기법에 접근할 수 있어야 한다. 비록 CF의 끝자락에 이름이 오르지는 않지만 예술가의 생명인 창조하는 기쁨이 있잖은가!

01_방송 형태로 본 분류

(1) 시보(時報)

(2) 스테이션 ID(station identification)

(3) ID 카드(identification card)

(4) 케이블 TV용 CF(지역 소매용)

(1) 시보(時報)

공중파 방송의 주요 뉴스 시각(밤 9시 MBC 뉴스데스크, 밤 8시 SBS 8시 뉴스)에 나오는 광고인데 이제는 초침만 움직이는 것이 아니라 제품 관련 동영상이 10초 또는 4초 동안에 나온다.

① MBC 9시 뉴스데스크 시보(10초) 삼성전자 제공

② SBS 8시 뉴스 시보(5초) 앱솔루트 제공

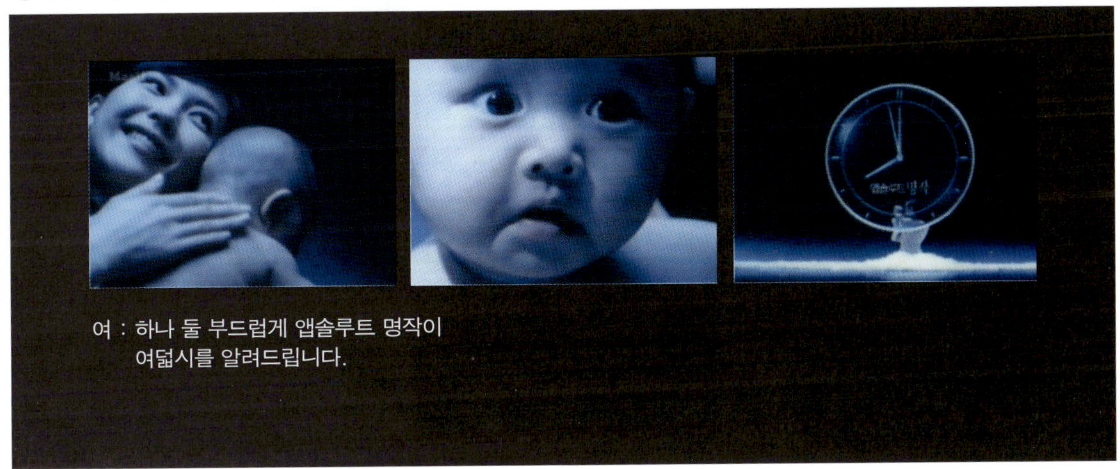

(2) 스테이션 ID(station identification)

방송 채널의 급증은 곧 개별 프로그램의 폭발적 증가와 연결되는 등 가히 방송 미디어의 빅뱅 시대가 오고 있다. 그렇다면 이 무수한 채널들을 시청자에게 어떻게 기억시킬 것인가? 어떻게 강력한 브랜드 이미지를 각인시켜 시청자들의 눈길을 사로잡을 것인가?

우선 어떤 시청자들에게 어떤 방송사로 인식될 것인가에 대한 콘셉을 만들고, 비전을 구체화시키는 채널 브랜드와 아이덴티티를 정한 후, 이것들을 각 프로그램과 채널 전체에 일관되게 적용 · 유지시키는 것이 강력한 브랜드를 만드는 출발점이라 하겠다.

특히 각 프로모션 전략을 통해 통합적 마케팅 커뮤니케이션을 효과적으로 실현하도록 해주는 강력한 브랜드 파워를 보여주는 것이 중요하다. 최근에는 브랜드의 미학적 요소까지 고려한 마케팅이 펼쳐지고 있다.

※방송 프로모션(on-air promotion) : 라디오에서의 콜사인이나 로고, 음악 등의 고지에서부터 TV에서의 다양한 스테이션 ID(방송국명 고지) 및 판촉용 스팟(spot, 1분 내외의 짧은 광고 영상물)을 방송하는 것을 의미한다. 특히 각 채널의 성격을 구분지어 주는 스테이션 ID에는 여러 가지 조형적 요소가 미학적으로 표현된다. 자사의 로고, 심벌, 캐릭터, 컬러 등에 채널 아이덴티티를 창조적으로 담아 영상화한 것이다.

① m-net

m-net의 이미지를 시청자들에게 각인시키려는 다양한 이미지들

② CJ 39 쇼핑 2002. 2

여 : 해봤다. 생활이 환해진다.
Na : 대한민국 홈쇼핑 채널. CJ 39 쇼핑
여 : 생활해
Na : CJ

③ SBS 신사옥 이전 스팟 2003. 11

Na : SBS
더욱 새로워진 모습으로 다시 태어나겠습니다.
대한민국을 발전시킬 변화의 물결
SBS가 앞장서겠습니다.

(3) ID 카드(Identification card)

ID 카드는 TV 방송국의 이름을 나타내는 카드를 말한다. 요즘엔 거의 정지화면이 아닌 동영상 CG로 한다. 이를테면 TV 방송중 방송국 명이나 네트워크 명을 분명히 하기 위해 스테이션 브레이크에 사용하는 카드를 말한다.

ID 카드는 스팟 광고류에 속할 수도 있지만 사용 방법이나 표현 형식에 차이가 있어 별도의 소재로 취급되고 있다. 화면의 4분의 1에 해당되는 하단 공간에 광고 내용이 담기는데 이 부분을 '곧이어 카드' 라 부른다. 보통 제품명이 쓰이며 시간은 10초가 기준이다.

캠페인 협찬주의 고지(告知)는 각 방송국에서 벌이는 각종 캠페인, 공익성 스팟(50초) 말미에 협찬주 명의 자막과 멘트가 깃들여지는 새로운 형태의 광고이다.

① ID SBS 국명고지(SK 생명 제공)

(4) 케이블 TV용 CF(지역 소매용)

CF도 극영화처럼 저예산으로 만드는 작품들이 있다. 시나 구 또는 군청 소재지에 있는 지역 케이블 방송용 CF가 그것이다. 지역 내의 레스토랑, 웨딩홀, 대중식당, 학원, 지역 공산품 등의 광고를 천 만원 내외의 제작비로 만드는 것이 보통이다. 표현은 거의 업소의 위치나 규모, 특징(맛, 서비스 등)을 내세우며, 점주들이 직접 출연하는 경우가 많아 전형적인 직설법이 주를 이루고 있다. 가끔 지역 출신의 탤런트가 저렴한 출연료로 등장하는 CF도 눈에 띈다. 지역의 아파트 단지, 복합 주거상가 등의 분양 광고는 수준급의 제작비를 들여 만들기도 한다. CF 입문자들에겐 눈여겨볼 만한 시장이자 마당이다.

① 대전 중앙청과주식회사

농산물 이제 인터넷으로 접속한다.
농산물 전자 상거래 쇼핑몰
대전 중앙청과주식회사
신선한 과일과 채소를 손끝 하나로 만나는
인터넷 세상

② 장충동 왕족발

B.G.M

02_목적으로 본 분류

(1) 공익광고(public AD)

(2) 기업광고

(3) 제품 · 기업광고 절충형

(1) 공익광고(public AD)

공공봉사 광고라고도 하며, 우리나라에서는 흔히 공익광고라 부른다. 공공광고의 개념은 사회 · 문화 · 지역적인 여건에 따라 다소 차이가 있다.

미국의 우당(Urdang)은 "메시지의 수신자인 독자 또는 시청자(audience)를 위해 친선과 복지를 증진시킬 목적으로 매체에 무료로 싣는(방영 또는 게재) 광고물"이라고 정의했다.

국제광고협회(IAA)에 의하면 "광고의 한 형태로서 일반 대중의 지배적인 의견을 수용하여 사회 · 경제적으로 이득이 되게 하는 활동이거나 일을 지원하고 실행하도록 권장하는 커뮤니케이션"이다.

일본의 한 학자는 "공공광고란 휴머니즘을 추구하는 광고, 즉 인간존중을 위해 주변에 있는 문제를 제시하고 해결하는 것"이라고 했다.

미국 공공광고협의회는 "공공광고는 비정치적인 조직에 의해 집행되는 것으로 공평해야 하며, 모든 활동에 연유하는 봉사 활동은 자발적인 것을 원칙으로 삼는다. 따라서 어느 특정 그룹이나 지역 · 종교의 이익을 배제하며 오직 전체 국민을 위한 공익봉사 캠페인을 실시하는 것이다" 등으로 정의했다.

이러한 공공광고는 일반적으로 정부나 자치단체, 기업, 공공기관이 그 사회적 기능과 책임을 명시하여 단순히 경영수익을 추구하지 않고, 사회 문제, 환경 문제에 참여한다거나 구체적으로 소비자에게 호소하는 광고이다. 공공광고를 실시하는 주체의 내용에 따라 분류하면 다음과 같다.

첫째, 정부, 정당, 자치단체, 공공단체, 조합 등이 국민여론의 합일(合一)을 목적으로 하는 홍보적 성격의 광고와 공공사업(전신, 전화, 우편, 가스, 수도, 공중위생 등)을 운영하는 정부, 공사(公社), 지방 공공단체가 일반의 이해를 깊게 하고 공공봉사를 호소하는 광고.

둘째, 우리나라의 공익광고협의회가 실시하고 있는 것과 같은 공공봉사를 호소하는 광고.

셋째, 기업광고의 일환으로 기업이 특정 사회 공공 문제에 대한 의견을 개진하여 호소하는 광고 .

이제 선진국의 공익광고 기구와 함께 국제적 관점에서 세계가 알고 있는 수많은 공통의 문제점에 대해 손을 맞잡고 참여할 때가 되었다. 세계 공통의 문제점인 환경 문제, 개발도상국 원조, 문화 교류, 자원 절약, 사회적 약자의 구제, 청소년 비행 방지 등 공통의 골칫거리를 국제 협력을 통해 극복해야 할 숙제가 놓여 있다. 실제로 미국의 AC, 일본의 공공광고기구, 대만 공공광고협회, 프랑스 정부 총리 홍보실 등이 서로 협력 관계를 강화하여 공동 제작 캠페인을 벌이고 있다.

① 사랑의 빵(한국선명회) 1993

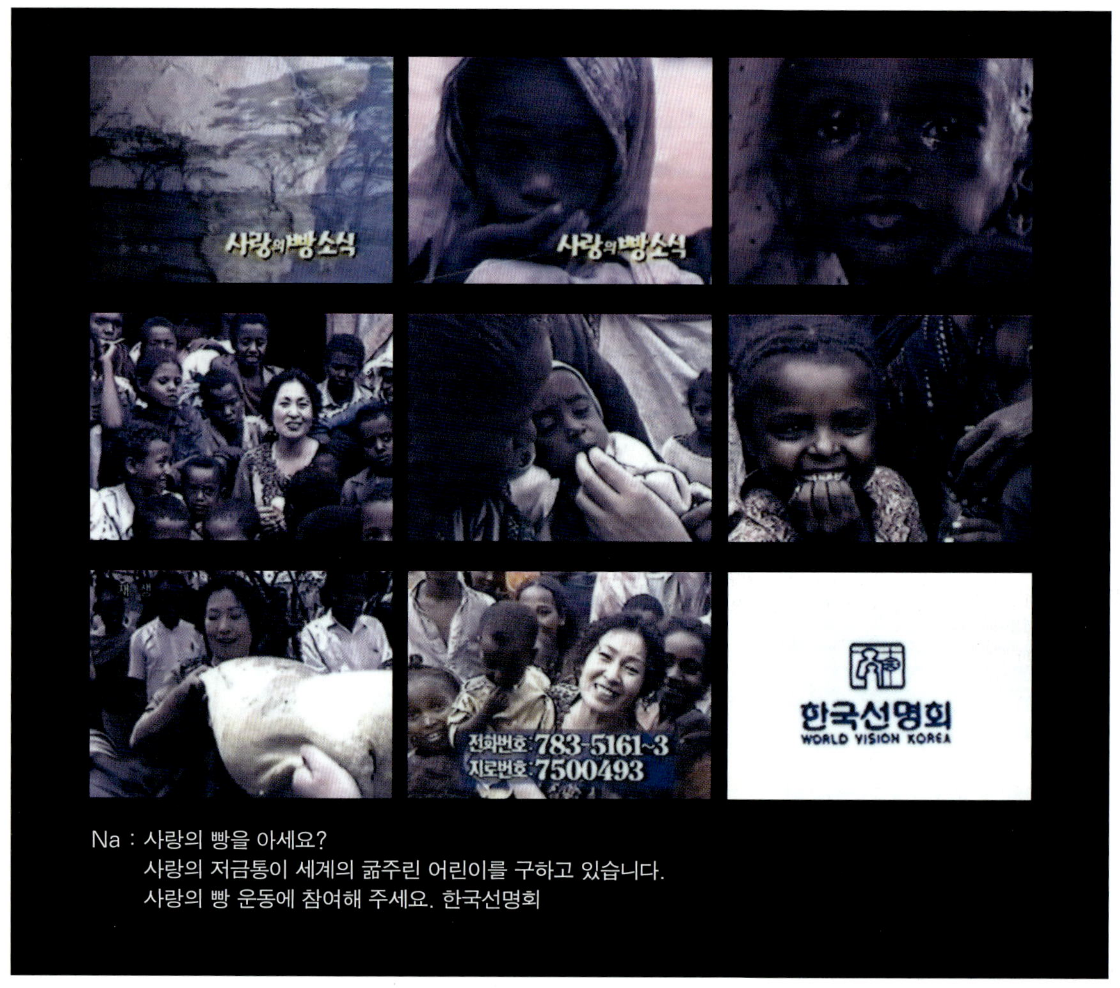

……영양죽을 얻어먹기 위해 갓난아기 동생을 업고 자동차로 40분 거리의 모래땅을 걸어오던 소말리아 소녀, 사람이 무서워 집 뒤로 숨어버리는 아프가니스탄 아이들…… 먹을 것이 없어 독초를 씹고 다니는 바람에 입술이 퍼렇게 물들어 있던 아이들, 눈 날리는 계절에도 신을 양말이 없어 양지 바른 곳에 선 채 두 발을 열심히 비비던 아이들의 모습……

"르완다였을 거예요. 세 살배기 아기가 몸을 움츠린 채 천막 속에 앉아 있기에 가여워 안아주었더니 내가 엄마인 줄 알고 가슴께에 손을 얹어요. 땅에 내려놓아도 발자국이 생기지 않을 것처럼 가벼운 아이였죠. 다시 딴 곳(케냐)으로 돌아가야 하는데 품에 안겨서 떨어지려 하지 않는 아이를 내려놓을 수 없어 그냥 끌어안고 울었던 기억이 납니다."

김혜자(탤런트)

② 시소가 안 된대요

자막 : 소말리아 난민, 어린이

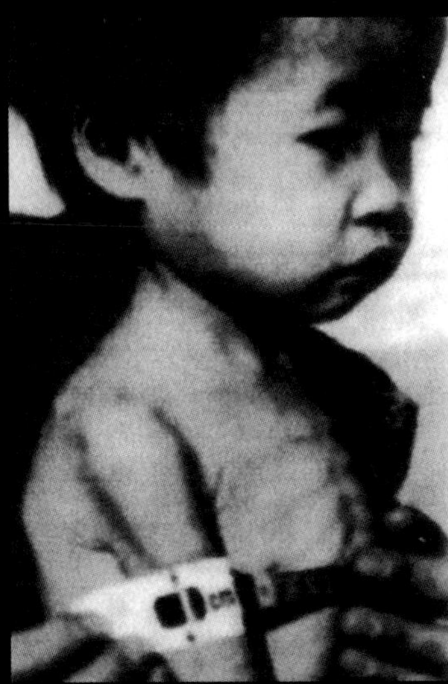

자막 : 팔둘레가 10센티도 안 되는 북한 어린이

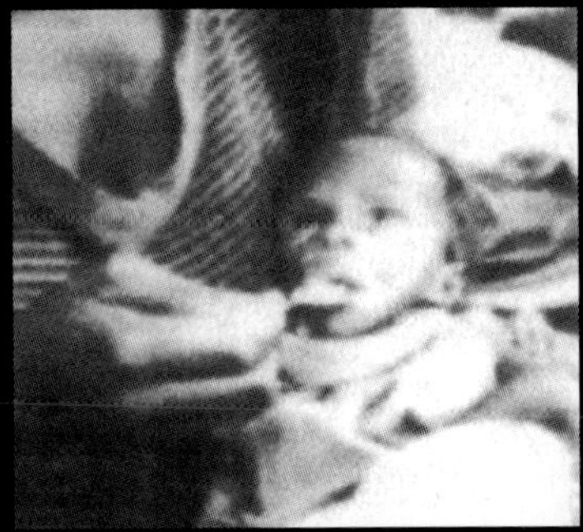

에티오피아 난민, 어린이

이라크 난민, 어린이

통통한 어린이가 시소에 앉아 상대를 기다리고 있다. 사이사이에 기아로 죽음을 앞둔 제3국의 어린이들이 비쳐진다. 끝내 나타나지 않는 상대. 어린이가 퇴장하면서 독백을 한다.

독백 : 친구가 가벼워서 시소가 안 된대요…….

③ TV 캠페인 '얼음 손'

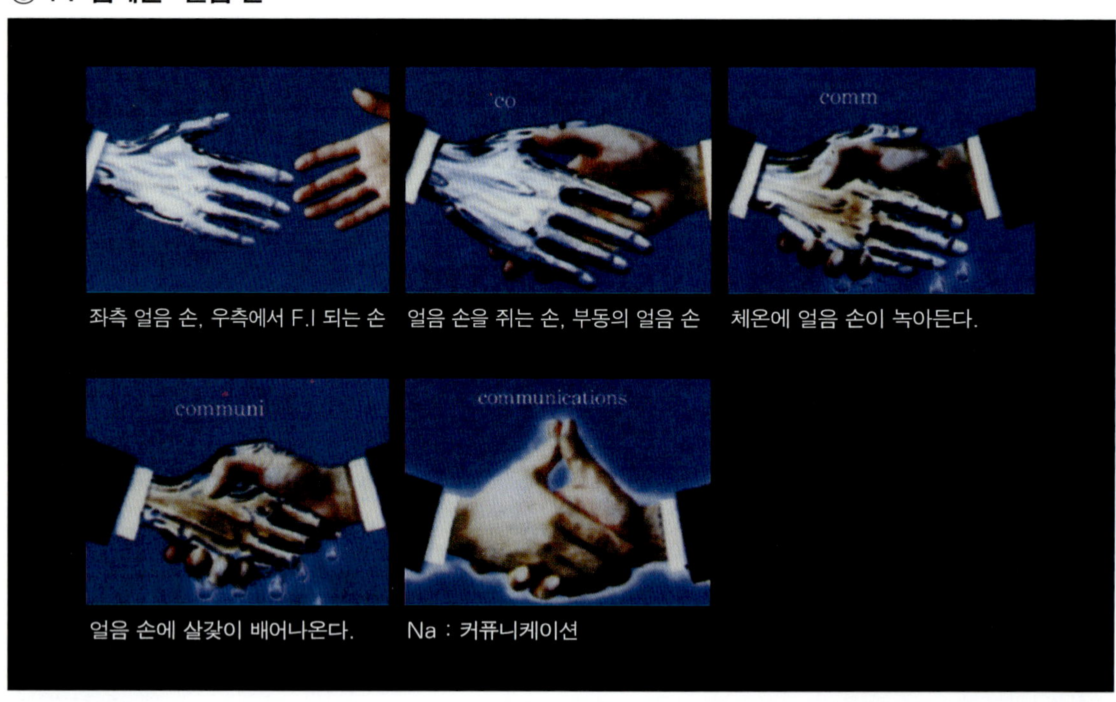

좌측 얼음 손, 우측에서 F.I 되는 손 / 얼음 손을 쥐는 손, 부동의 얼음 손 / 체온에 얼음 손이 녹아든다.

얼음 손에 살갗이 배어나온다. / Na : 커뮤니케이션

④ 방송위원회 2001. 11

남 : 아~~ 정말 못 보겠군. / 여 : 어쩌면 저럴 수가……

어린이 : 그래두 그냥 봐요. / Na : 방송에 대한 불만은 / 방송위원회로 연락주세요.

⑤ 700-1212(공익광고협의회) 2002. 2

결식아동 16만 4천명
방학동안 급식 중단

ARS 700-1212
(한 통화당 2000원)

Na : 한 해 결식아동 16만4천 명
당신의 전화 한 통화가 한 끼의 식사입니다.

⑥ Amazon Rain Forest Appeal 'Indian'

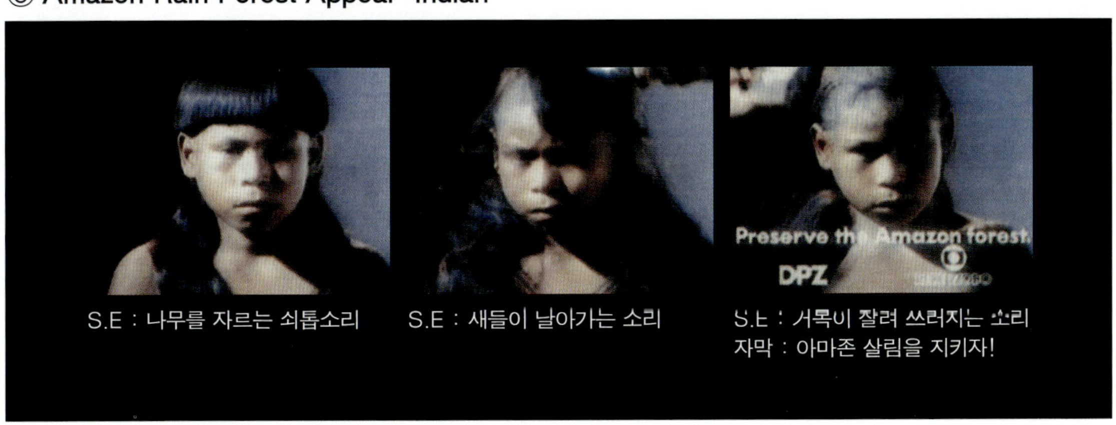

S.E : 나무를 자르는 쇠톱소리　S.E : 새들이 날아가는 소리　S.E : 거목이 잘려 쓰러지는 소리
자막 : 아마존 삼림을 지키자!

(2) 기업광고

기업광고는 기업의 정신을 비롯하여 기업의 실태 · 신용 · 주장 등을 호소하는 광고로 직접 상품이나 서비스를 광고하는 것이 아니고, 그 배경이 되는 기업의 이미지를 조성하기 위한 광고를 말한다. 상품광고처럼 직접적인 반응을 기대하기보다는 간접적인 반응을 기대한다.

기업광고는 궁극적으로 '고객을 창조' 하는 데 목적을 둔 것과 '사회공익을 추구' 하는 데 목적을 둔 것으로 구분된다.

1990년대 초까지만 해도 기업광고의 흐름을 보면 기업의 규모나 기술력을 과시하였고, 소비자가 보고 듣기를 원하는 메시지보다는 광고주가 보고 듣기를 원하는, 계몽적이고 교훈적인 딱딱한 메시지를 남발하다시피 하였다. 심한 경우 정치권(정부)의 홍보 성향에 편승하여 진정한 공중관계(public relations)를 벗어난 일이 많았다.

그러나 오늘의 기업광고는 변하고 있다. 1990년대 중반부터 거세게 일기 시작한 소비자 중심 운동과 정부의 소비자 보호 관련 법규 제정, 그리고 각종 사회적인 이슈에 대해 기업들은 발빠르게 사회적 책임을 인식하면서 대응하기 시작했다.

즉 환경 · 교육 · 경제 · 문화예술 · 건강 · 소외계층에 대한 관심과 따뜻한 인간관계를 주제로 담고 있다.

〈기업의 규모 · 시설 · 위용 과시〉

① 현대전자(미래석학 앨빈 토플러 박사) 1995

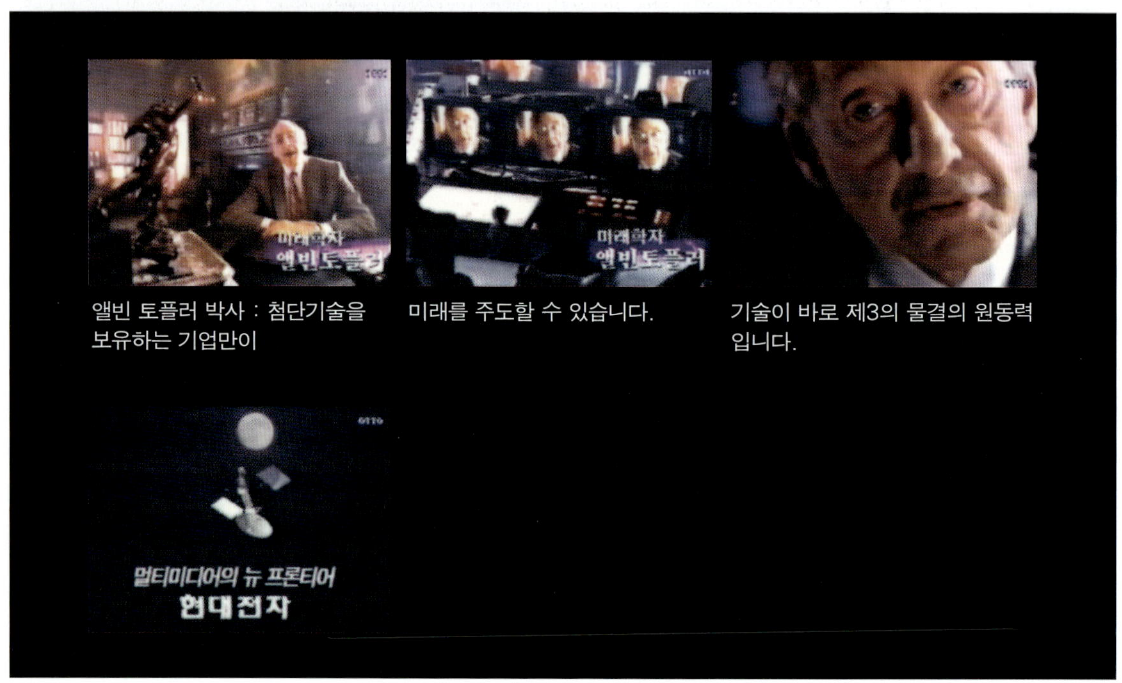

앨빈 토플러 박사 : 첨단기술을 보유하는 기업만이

미래를 주도할 수 있습니다.

기술이 바로 제3의 물결의 원동력입니다.

② 대우건설(지구촌 건설 인도 편) 1997. 4

Na : 우리를 동방의 등불이라 노래했던 타골의 나라 인도.
이제, 대우건설이 그 불꽃을 다진다.
지구촌 건설 대우건설입니다.

③ 대우전자(탱크박사들) 1995. 5

CEO 배 : 기술이란 어떤 것입니까?
복잡하게 만드는 것이 첨단은 아닙니다. 단순하면서도 꼭 필요한 기능
그 핵심기능을 잘 만드는 것이 진짜 기술입니다.

〈사회복지와 나눔〉

① 삼성(함께 가요 희망으로) 2003. 8

자막 : 사랑이 필요한 아이들에게 희망을 전하는 삼성 팬더 봉사팀

어린이 : 아빠! 빨리 와

Na : 마음을 나누면 희망이 커집니다.

아빠 : 자! 너두 안아봐.

Na : 함께 가요 희망으로

삼성

② SK 텔레콤(OK/SK) 2002. 8

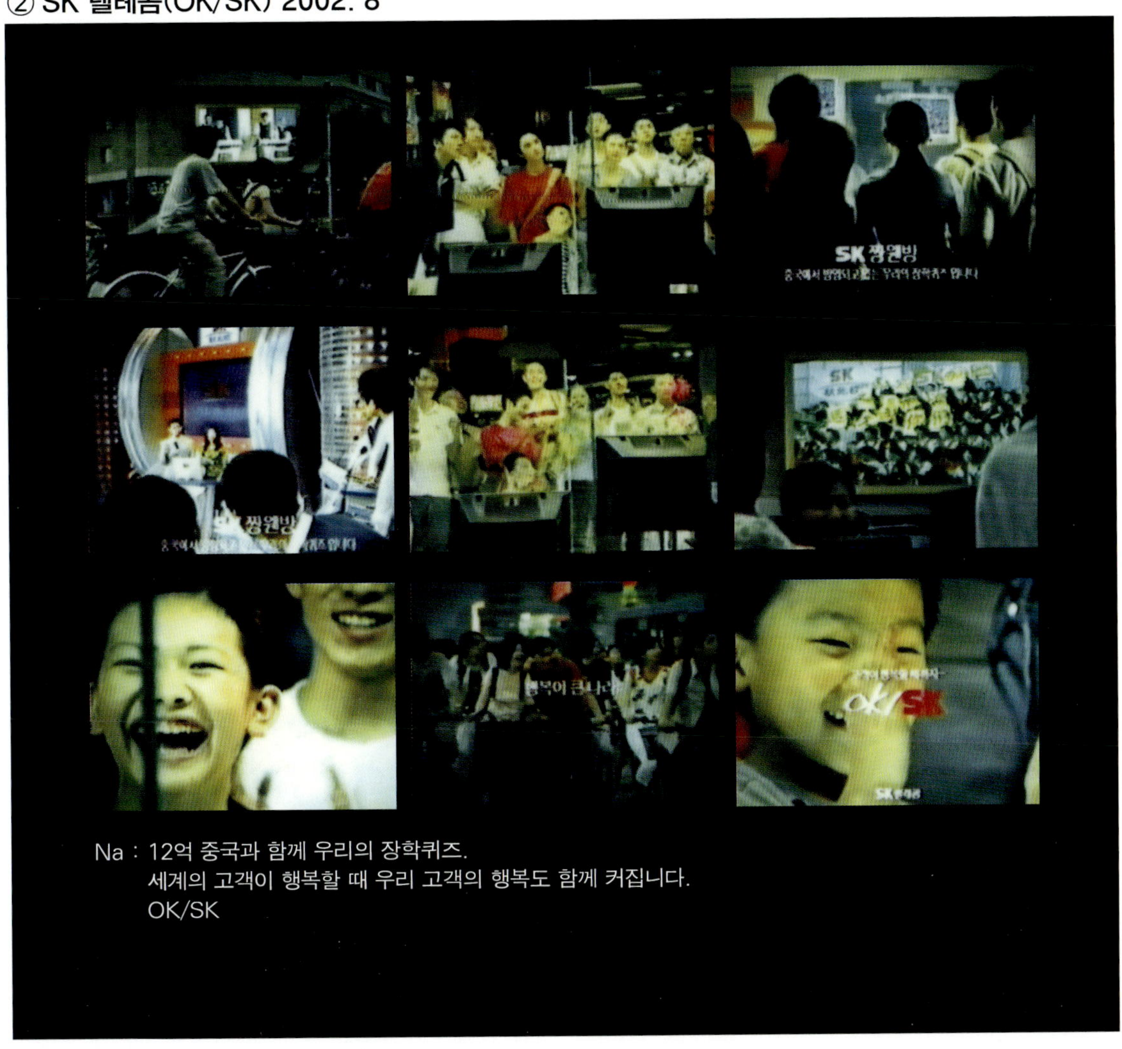

〈기업문화〉

① 사랑해요 LG 1997. 4

② 프로스펙스(고구려의 혼) 1995. 12

자막 : 광개토대왕 비문탁본

대륙을 넘어 세상을 호령했다.

아! 고구려 광개토대왕

정복당할 것인가?
정복할 것인가?

프로스펙스

1990년대 중반, 스포츠화의 세계 일류 브랜드를 업고 외국의 유명 스포츠 캐주얼이 무시하지 못할 정도로 시장을 잠식하고 있었다. 토종 브랜드를 자랑하는 프로스펙스는 당시 의식화된 젊은이들 사이에 끈끈하게 퍼져 있던 '민족' '우리' 라는 화두에 불을 질렀다.
중국이 동북공정의 일환으로 '고구려는 중국' 이라는 궤변을 늘어놓는 오늘날, 10여 년 전 프로스펙스는 분명한 메시지를 던졌다. 고구려의 당당한 기상을……

〈인간관계 Human Relations〉

① 엘트웰(의인義人 이수현) 2002. 6

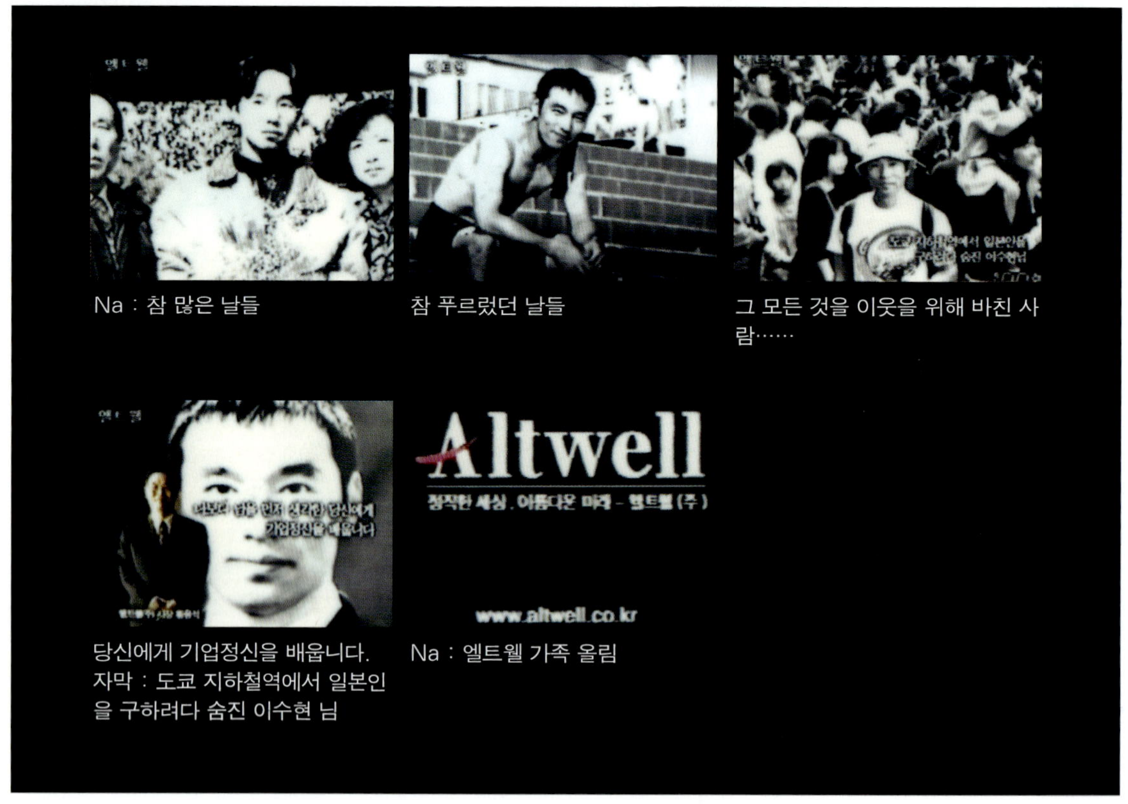

Na : 참 많은 날들

참 푸르렀던 날들

그 모든 것을 이웃을 위해 바친 사람……

당신에게 기업정신을 배웁니다.
자막 : 도쿄 지하철역에서 일본인을 구하려다 숨진 이수현 님

Na : 엘트웰 가족 올림

도시화, 산업화와 함께 나타나는 보편적인 현상이 이웃과의 단절이다.

일본사회에서는 길거리에서 누가 강도를 당하거나 죽어가도 못본 척하고 지나치는 개인주의의 만연을 개탄하는 목소리가 높다. 일본인도 아닌 '제3국인'의 의거가 메마른 일본사회에 던진 감동과 충격은 더없이 컸다. 자신밖에 생각하지 않는 이기적인 일본 젊은이들은 한국 청년의 의거에서 배워야 한다는 국민교육의 메시지가 일본언론에 흘러 넘쳤다.

달려오는 전동차 앞에서 취객을 구하기 위해 반사적으로 몸을 던진 그에게는 민족을 생각할 찰나도 없었을 것이다. 위험에 처한 인간을 살려야 한다는 휴머니즘의 정신기제가 순간적으로 작동했을 것이다. 거기에 인종이나 민족이 끼어들 여지는 없다.

한국인과 일본인은 '의인 이수현'에게서 휴머니즘이 내셔널리즘에 우선하는 가치라는 교훈을 함께 배워야 한다.

동아일보 황호택 논설위원

② 삼성(장애를 극복한 두 젊은이) 1998. 12

1997년 7월. 연세대에 재학중인 박동운과 이동건이 함께 휠체어와 자전거를 타고 2002 한일 월드컵을 홍보하기 위해 40일간 유럽을 횡단하였다.

독일 프랑크푸르트에서 출발하여 벨기에를 거쳐 프랑스 파리에 입성할 때는 좀처럼 통과하기가 어려운 개선문을 통과시켜주는 파리 시(市)의 깊은 배려가 있었고, 피레네 산맥을 넘을 때는 프랑스, 스페인 경찰이 에스코트 해주는 등 현지 주민들의 격려 덕에 심신이 극도로 지쳐 있었음에도 불구하고 뜻을 이룰 수 있었다.

2002킬로미터의 목표지점인 스페인의 마드리드에 도착했을 때 유럽의 유수한 방송사의 취재와 교민들의 환호는 이들의 대장정을 더욱 빛내주었다.

(3) 제품 · 기업광고 절충형

제품광고와 기업광고가 혼합 · 절충된 형태의 광고이다. 제품광고와 기업광고는 논리적 · 성격적으로는 구별이 가능하다. 그러나 소비자들의 상품 구매는 그것을 만드는 메이커의 이미지에 크게 의존하고 있다는 것이 명백하다. 또한 기업광고라고 해도 그 기본은 제품 판매에 있다. 따라서 실제로는 제품에 절충된 광고가 많다. 그 이유 중의 하나로 퍼블릭 릴레이션(public relation) 지향을 들 수 있다. 제품 광고에도 제품을 파는 것뿐 아니라 기업으로서 대중의 이해와 호의를 얻으려는 광고가 많다. 오늘날의 광고는 제품광고도 기업광고의 견지에서 만들어지고 있으며, 동시에 기업광고도 판매와 무관한 것이어서는 곤란하다.

〈표〉 제품광고와 기업광고의 관계

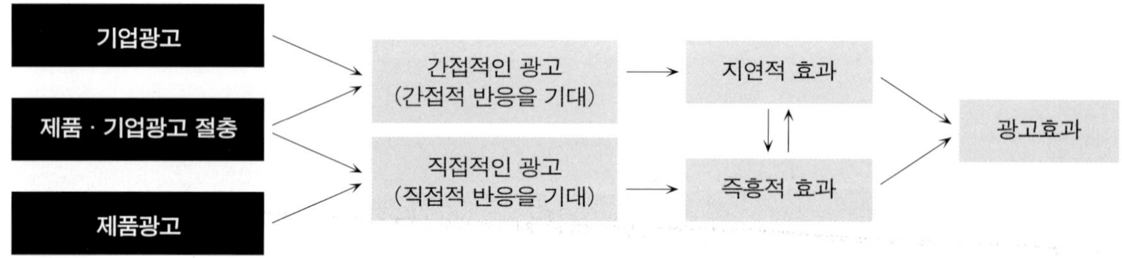

제품과 기업광고 절충형의 특징은 제품의 기능 등 물리적인 특징은 배제하고 제품을 둘러싼 감성적 메시지를 통해 좋은 기업 이미지와 함께 제품 브랜드 이미지도 업그레이드시키는 데 있다.

① 한국 정서를 아는 맥도날드 캠페인 1 2003. 1

자막 : 한국 맥도날드의 모든 임직원은 한국인입니다.

자막 : 장애우 및 고령인 등 차별 없는 고용제도

자막 : 함께 나누는 결식 아동 돕기 자선행사

자막 : 한국의 맛을 살린 한국적 메뉴 개발

일제히 : 감사합니다.

Na : 한국맥도날드

해외로 진출한 미국계 다국적 기업들이 '현지 적응'을 위한 눈물겨운 노력을 펼치고 있다. 2001년 9 · 11 테러 이후 세계적으로 반미 감정이 급증하고 있기 때문이다. 맥도날드 한국은 2003년 1월 TV 광고를 통해 맥도날드 임직원은 모두 한국인으로서 장애우, 고령자 등에 대해 차별 없는 고용정책, '함께 나누는 결식아동 돕기 캠페인' 같은 자선행사를 행하고, 한국의 맛을 살린 한국적 메뉴도 개발하고 있나는 등의 한국화(현지화)에 매진하고 있음을 기업광고 형식으로 펼쳤다. 단 역시 미국 기업답게 광고의 시작부터 끝 화면까지 화면의 3분의 1은 맥도날드 로고를 고정시켰다는 점에서 순수 기업광고라기보다는 절충형이었다.

한국 정서를 아는 맥도날드 캠페인 2 2002. 7

젊은이들을 소구 대상으로 하는 광고제품에 주름진 세대를 등장시킨 것은 파격적이다. 광고의 표현에서 정겨운 시선으로 주목받기 쉬운 3B(beauty : 젊은 여성, beast : 동물, baby : 어린이)를 벗어나기란 여간 어려운 것이 아닌데, 슬로우 푸드의 할머니(이 역시 서구적인 옷맵시와 세련된 노인이 아닌)가 지팡이를 짚고 맥도날드의 세계에 들어오는 장면은 맥도날드가 유도하는 현지화 판매전략의 일환으로 설정한다 해도 매우 위험한 발상이라 하지 않을 수 없다. 한국의 정서와 소비계층의 확대를 겨냥한 실험적인 캠페인으로 해석된다.

② 오리온 초코파이 '정情' (아빠, 힘내세요!) 1992

오리온 '정' 이라는 일관된 캠페인은 언제 봐도 훈훈하고 정겨운 광고이다. 어지러운 눈속임이나 인위적인 화면구성을 배제시키며, 자연스러운 인간관계의 정겨움을 만들어내 강력한 브랜드 이미지로 자리잡았다. 끝 장면에 꼭 오리온 초코파이가 나오지만 느낌은 기업광고이다

③ 삼성전자 '파브 홈시어터' (드라큘라) 2003. 8

점토 인형으로 훈훈한 가족 사랑을 펼쳐온 삼성전자의 '또 하나의 가족'을 자세히 보면 제품이 나온다. 드라큘라 편을 보면 온 가족이 홈시어터 앞에서 공포물 영화를 보는 장면에 최첨단 디지털 제품인 '삼성 파브 홈시어터'가 나온다. 가족 간의 따스한 정감이 묻어나는 아날로그 정서와 디지털 제품과의 자연스러운 조화를 이루고 있다. 15초 중 파브 홈시어터 장면은 2초 정도 나오지만 시청자들은 작품 전체를 볼 때 기업광고로 인식한다.

03_표현소재로 본 분류

(1) 필링형(feeling)
(2) 키워드형(keyword)
(3) 키치형(kitsch)
(4) 시즐형(sizzle)
(5) 3B주의형(baby, beauty, beast)
(6) 심벌형(symbol)
(7) 비주얼 스캔들형(visual scandal)
(8) 유머형
(9) 실증형
(10) 캐릭터형
(11) 이미지형
(12) 티저형(teaser)
(13) 증언형
(14) 패션, 스타일형(fashion, style)
(15) 아이캐칭형(eye catching)
(16) 판타지형
(17) 역발상형
(18) 비교형
(19) 드라마형
(20) 생활단면형(slide of life)

(1) 필링형(feeling)

감각을 말하지만 보통 필링이라고 할 때는 논리, 활자, 영상, 그림 등으로 표현 못하는 특별한 감각을 의미한다. 현대는 '필링의 시대'라 하며 젊은층은 '필링 세대'라 부르는데, 확실히 젊은층은 어른과는 다른 민감한 감각을 지니고 있다. 그들은 터무니없는 것에서 아름다움을 느끼고 감동하며 최근의 광고 표현이나 패션에도 큰 영향을 끼치고 있다. 그들이 '필링이 있는 광고'라고 할 때, 그것은 종래의 이성적 소구에 대한 '감각적 소구'의 의미와는 명백히 다르다는 것을 주의하지 않으면 안 된다.

〈필링 에이지 feeling age〉

마셜 맥루한(M. McLuhan) 이론이 도입되면서 일본 등지에서 유행한 말이다. 원래 필링은 재즈 용어로 일부 사람들에게 사용되어왔다. 재즈 특유의 감각적이고 무드 있는 전신적(全身的)인 흥분을 의미한다. 또 극히 일반적으로는 '감각'이나 '감정'을 의미한다. 그러나 필링 에이지라고 하는 합성어는 그것과 좀 어감이 다르다. 오히려 '감을 잡는다'고 하는 표현이 의미하는 이미지와 거의 비슷하다. 맥루한이 시각(視覺) 편중 문화의 종말을 고한 것과 궤도를 같이하여 복권한 일련의 유행어 중에서 무엇보다도 광고 표현상 중요한 말이다. 일본에서 유행한 맥루한 이론은 무엇보다 촉감적인 감각이었으므로, 당초에 필링은 '닿는 감각'이라는 뉘앙스로 받아들여진 것 같다. 때문에 스타킹 메이커나 패션 메이커가 이 말을 효과적으로 이용하였다. 일반 저널리즘에서 음악을 좋아하는 젊은 사람들의 공통된 감각 정도로 이해된다. '○○에이지'라는 표현은 광고계의 관용구가 되기 시작했다. 필링은 어떤 변화가 어떤 시간 단위 안에서 생겼을 때, 그 변화를 오버랩하기 위해 쓰는 낱말의 하나이다.

〈필링 에이지인 신세대의 문화적 특성과 명칭들〉

· 주요 경향

- 구세대의 하모니와 신세대의 비트는 이성의 문화에서 감성의 문화로.
- 구세대의 오리지널과 신세대의 짜깁기는 창조의 미학에서 모방의 미학으로.
- 구세대의 원색과 신세대의 파스텔 색은 강한 주체의식에서 중성적인 주체의식으로.
- 무거운 것에서 가벼운 것으로.
- 질서에서 무질서로.
- 정신의 문화에서 육체의 문화로.
- 가난에서 풍요로.
- 규격과 질서에 얽매인 기성세대가 되기보다는 차라리 철없는 어린아이로.

· 기호

- 하모니라는 음악적인 개념 대신 비트로 구성된 랩을 즐긴다.
- 오선지 위에 만들어진 하모니가 아닌, 타악기를 기본으로 하는 비트는 냉철하고 이성적이고 과학적인 서양궁정 음악의 전통 대신 인간의 감성과 감각에 호소하는 '재즈' '사물놀이' '리듬 앤 블루스' '랩'과 어울린다. 이것은 이성적인 문화(백인종 문화)의 특성과 감성적 문화(유색인종=흑인문화)의 차별적인 특성을 설명하는 기본이 되기도 한다.

· 튀는 말

- 논리적으로 가닥이 잡히지 않는다. 매듭이 없는 해프닝과 불연속의 연속이 주를 이룬다. 텔레비전이나 인터넷 등 영상으로 정보와 지식을 습득하며 자란 세대의 특징이기도 하다.
- 실 체험의 생생한 라이브 인생이 아닌, 인공적인 의사(擬似) 인생이라 생략이 빈번하고 만화처럼 의태어, 의성어, 말줄임을 남발한다.
- 말재주나 말초신경을 자극하는 감각적 표현이 사유에 앞선다.
- 영상세대인 이들에겐 문법이 없다. 럭비공처럼 말이 어느 방향으로 튀는지 종잡을 수가 없다. 이를 '톡톡 튀는' 말이라고 한다. 서태지의 〈하여가〉라는 노래에서 '랩'과 '사물놀이'가 자연스럽게 어울리는 것도 이 두 가지가 비트라는 감성적인 문화를 뿌리로 가지고 있기 때문이다.

· 컬러

10대(teens)를 자칭하는 용어들은 1318 세대, Y 세대, N 세대 또는 새천년 세대(millennium generation) 등 다양하다. 이들 10대들은 정보화의 물결 속에서 자라, 의사 결정 또한 정보화로 이루어진다. 동시에 자신만의 독특한 개성을 표출하고자 하는 욕구가 강하다. 미래의 소비자인 10대, 이들은 소비문화 흐름을 주도한다. 그들만의 언어와 행동 양식으로 독특한 유행을 창출해내며 서로가 동일한 제품을 쓰고 있다는 확인을 통해 동질감을 느낀다.

패션(의류) 쪽을 보자. 힙합 패션이나 H.O.T 패션 등과 같이 10대들의 패션은 이제 그들만의 영역을 벗어나 20, 30대의 직장인뿐만 아니라 아줌마 부대에까지 영향을 끼치고 있다. 이들의 필링 컬러는 다음과 같다.

- 키치(kitsch)가 깃든 유머 · 개그가 10대들의 언어 바탕이다.
- 또래들의 집합(군중심리)은 이벤트성 연출이 따른다.
- 이들이 좋아하는 스타를 등장시키면 우아함, 신비로움에 열광하다가도 어느새 키치 스타일에 탐닉하기도 한다.

이같이 복잡한 성향의 10대들을 겨냥한 메시지를 제시하기란 쉬운 작업이 아니다. 이들 10대를 겨냥하는 족집게(pin-point) 마케팅의 정답은 없다. 그저 숨가쁘게 좇든가 반 발짝 정도 앞서가면 다행이라 하겠다.

〈필링 세대의 스냅〉

① 신세대의 개성

② 틀(고정관념)을 깨자!

③ 너만 잘났니?

④ 솔직해

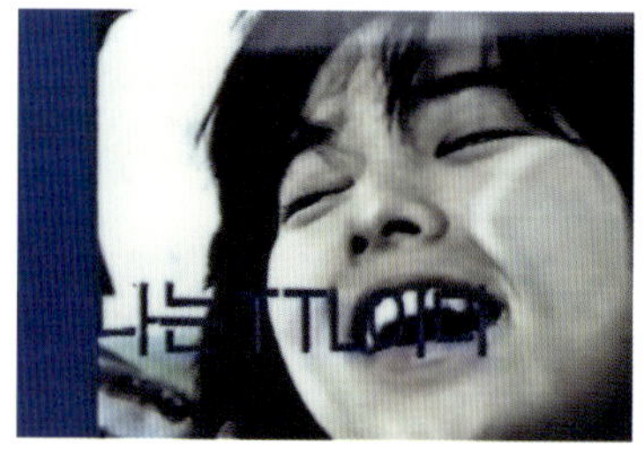

⑤ 배꼽 나오면 어때?! 패션을 알아?

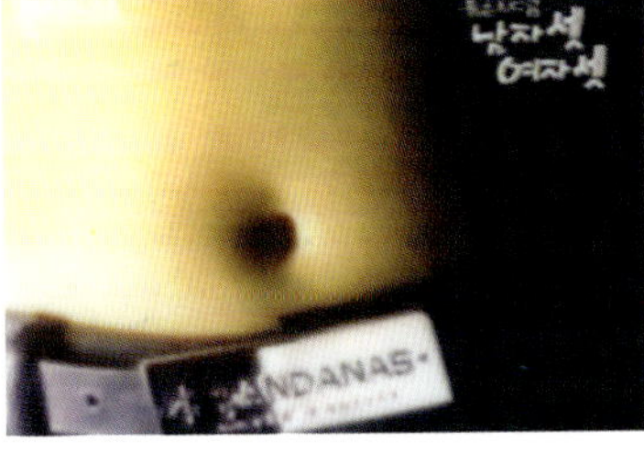

⑥ 튀어야 산다

큐!

튀고 싶다!

세상을 놀라게 할수 없다면 나타나지도 마라

이것이 개성이다!

⑦ 엽기적 취미

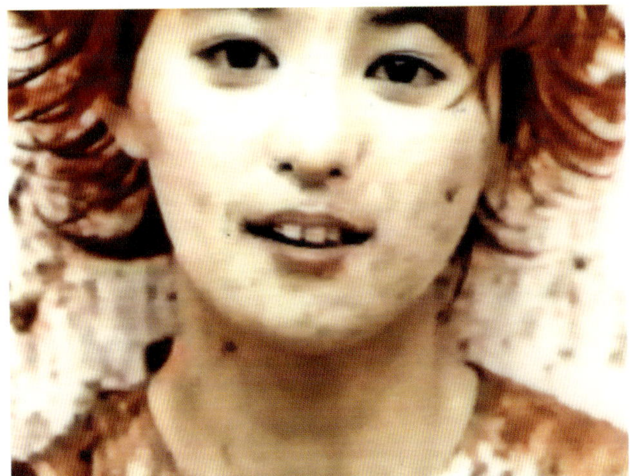

공주처럼 우아하라고? 구역질 나!

⑧ 찍어!

e.@세대

(2) 키워드형(keyword)

주로 광고의 헤드라인 등에서 광고의 명제를 집약적으로 표현함과 동시에 일련의 광고 캠페인을 일관하여 특색을 짓는 중요한 말을 가리킨다. 또 이와 별도로 존 케이플스(Jone Caples)는 How to, How, Why, Which, Wanted, Advice 등을 키워드로 하고 있는데, 이 경우에는 성별, 연령을 불문하고 만인에게 공통적으로 어필하는 힘을 가진 특정 언어라는 의미가 된다.

① 카스

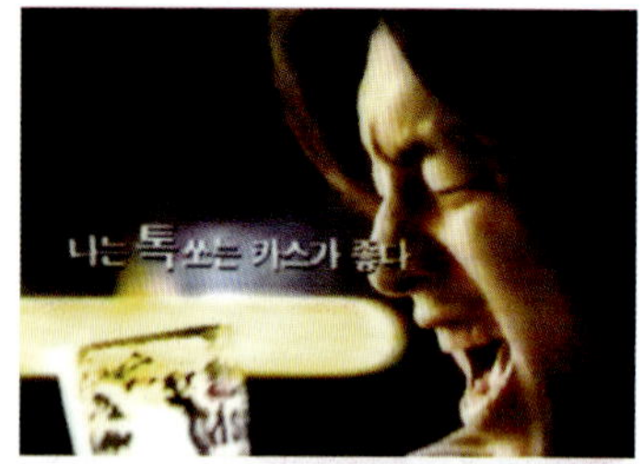

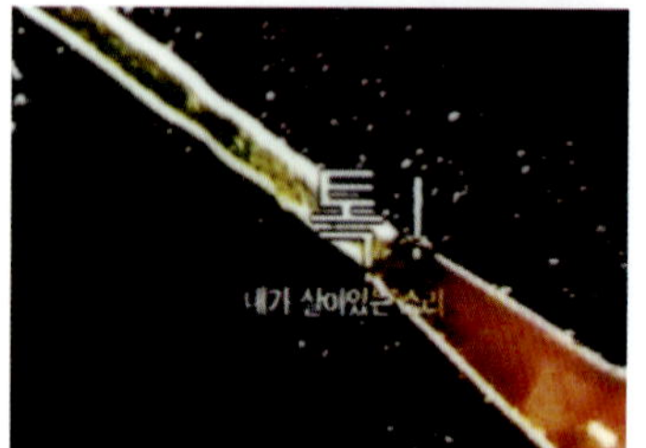

나는 톡 쏘는 카스가 좋다.

② 에이스 침대

침대는 가구가 아닙니다. 과학입니다.

③ 다시다

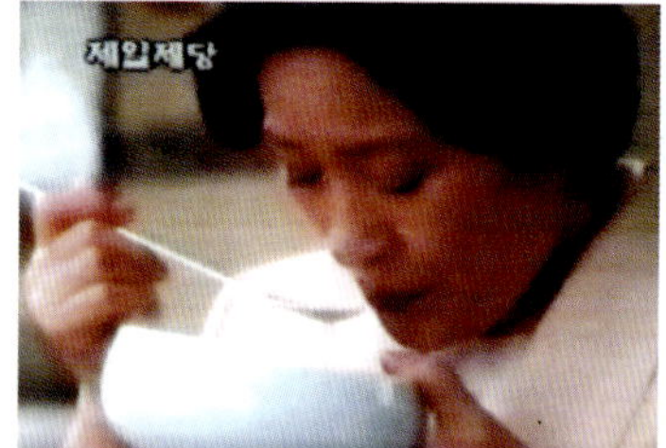

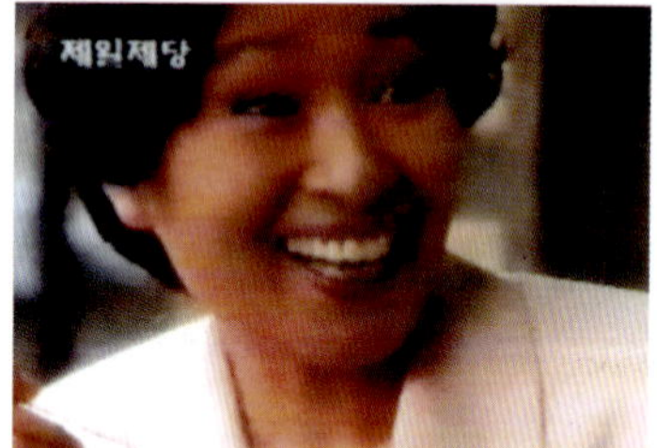

그래, 바로 이 맛이야!

④ 대일의류백화점 세일

감출 게 없다! 더 이상의 침묵은 없다.

⑤ 애니콜

소리에 미쳤다!

(3) 키치형(kitsch)

키치의 사전적 의미는 '저속함' 또는 '통속적임' 이지만 일반적으로 촌스럽고 유치하고 우습고 그로테스크한(촌티 패션, 아줌마 패션, 2:8 가르마 등) 모든 소재를 '키치적' 이라고 일컫는다.

① 016 Na 1(아버지 난 누구에요?)

광고는 느닷없이 "아버지, 난 누구예요?"라는 자신의 정체성을 묻는 질문으로 시작한다. 서비스의 정보를 알리는 메시지라고는 "난, 공짜가 좋아요" "세상을 다 가져라"라는 에두른 카피뿐이다.

이 서비스를 제공받는 타깃들은 가상세계와 현실 사이를 오고가는 N 세대들이다. 스타크래프트 게임에 매달려 밤을 새고 다음날 학교에 가기 위해 책가방을 꾸리는 학생은 가상현실에서 살다가 잠시 현실로 나온 것인가, 아니면 현실 속의 가상세계를 여행한 것인가? 어떤 것이 그 학생에게는 더욱 실제적으로 느껴지는 현실인가? 자신의 정체성에 대한 의문이 들 법하다. 아버지에게 물어봐도 대답은 신통치 않다. 아날로그 세대가 어찌 디지털 세대의 속내 마음과 취향을 가늠할 수 있겠는가? 이 작품에서 보듯 우리 사회는 서로를 이해 못하는 아날로그와 디지털 세대의 갭이 존재하는 사회다.

이층 골방에 갇혀 사는 아날로그 세대의 아버지와 현실과 가상세계를 마구 휘젓고 다니는 디지털 세대의 아들은 서로 선문답만 주고받는 관계이다. 아버지는 "이 세상에 공짜가 어디 있어"라는 가치관에 머물러 있지만 우리의 디지털 아이들은 "나, 나갔다 올게요"라는 출사표를 던지고 공짜로 세상을 다 갖기 위해 집 밖으로 나간다. 이 작품은 이렇듯 제품에 대한 세세한 정보도 없이 의뭉스럽게 변죽만 울리고 있다. 그러나 N 세대들은 이 작품을 좋아하고 이 광고에 열광한다.

016 Na 2(GOD)

청담동, 압구정동의 어느 카페가 아니다. 프로판 가스통과 장독이 늘어서고 전선줄이 얽혀 있는 촌스러움이 가득한 달동네의 어느 옥상. 젊은이들의 해방구다. 멀리 바라다 보이는 마천루를 배경으로 티샷을 날리는 맨해튼의 세련된 옥상이 아니다. 청소년들이 모여 남몰래 담배를 피우거나 본드를 흡입하는 등의 일탈적 행위가 이루어지는 공간으로 코드화되어 있는 옥상이다. 그 옥상에선 동네의 나이 든 아저씨 아줌마까지 등장하여 〈닐니리 맘보〉 노래에 맞추어 막춤을 추는 변두리 카바레의 분위기가 무르익는다.

그 춤 동작에 맞추어 젊은이들의 우상 GOD도 힙합을 포기하고 막춤으로 응수한다. 1편이 아날로그와 디지털 세대의 간극을 키치적 선문답으로 표현했다면 2편은 두 세대의 부조화를 춤이라는 형식을 통해 키치적으로 믹싱했다. 상황은 더 나아간다.

가슴을 풀어헤치고 양은 냄비를 통째로 쥐고 라면을 건져 먹는 모습, GOD란 빅 모델의 이미지와 다른 황당한 설정에 놀랄 수밖에 없다. 제품에 관한 정보는 "극장, 카페, 노래방, PC방, 당구장, 비디오방, Na만 있으면 공짜!"라는 서비스 내용을 적어 넣은 유흥업소의 간판 같은 자막뿐이다.

016 Na 3(UFO)

흔히 SF라고 하면 〈ET〉나 〈백 투 더 퓨처〉 또는 〈터미네이터〉에서 보았듯이 독특한 형태의 외계인과 UFO가 등장하거나 세련된 타임머신 또는 최첨단 사이보그가 등장하여 시공간을 오고가는 스토리를 떠올리기 쉽다.

016 Na에서도 UFO와 외계인, 그리고 그에 맞서는 지구인이 등장한다. 그러나 "아버지, 난 누구예요?"를 외치던 주인공은 덧칠되지 않은 무명 모델이었다. 게다가 1970년대 중고생의 우상이던 이소룡이 그의 마지막 영화 〈사망유죄〉에서 입고 나왔던 트이레닝복을 입고 있다.

외계인으로 분장한 GOD 역시 〈스타워즈〉 같은 영화에 나오는 사이버 느낌의 복장을 입은 침략자들이 아니라 1980년대 초등학생들을 타깃으로 만들었던 〈우뢰매〉 스타일의 모습으로 등장하여 촌스러움의 극치를 보여준다. 이처럼 016 Na 작품은 SF를 복고 분위기로 몰아가 키치의 느낌을 자아내고 있는 삐딱한 엽기이다.

이상의 작품들을 일별해보면 일부러 저급한 이미지를 퍼뜨리려 한 의도가 역력함을 알 수 있다. KTF와 같은 보수적인 기업에서 이러한 형태의 이미지 실험을 수락했다는 것은 타깃의 기호에 접근하려고 하는 노력의 단면을 읽게 하는 대목이다. 016 Na 작품이 호소력이 있는 이유는 기존 광고에서 보이던 과장된 메시지와 인공적인 영상을 버리고 우리 일상의 이야기를 던져주는 리얼리티를 담고 있기 때문이다. 일련의 016 Na 광고는 TTL 광고와 더불어 처음부터 N 세대의 감수성을 겨냥한 마케팅 활동의 일환으로 제작된 작품으로서 한국 CF사에 돌연변이 같은 작품 세계의 획을 그은 것이다.

② 데이콤 002 1 2001. 7

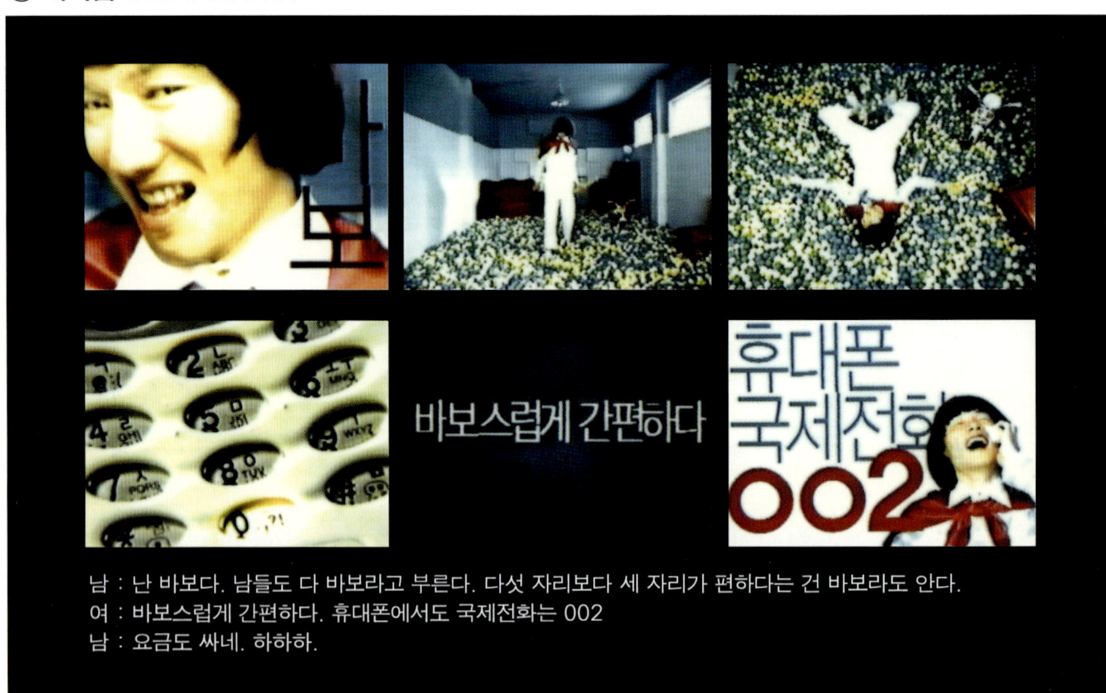

데이콤 002 2 2001. 7

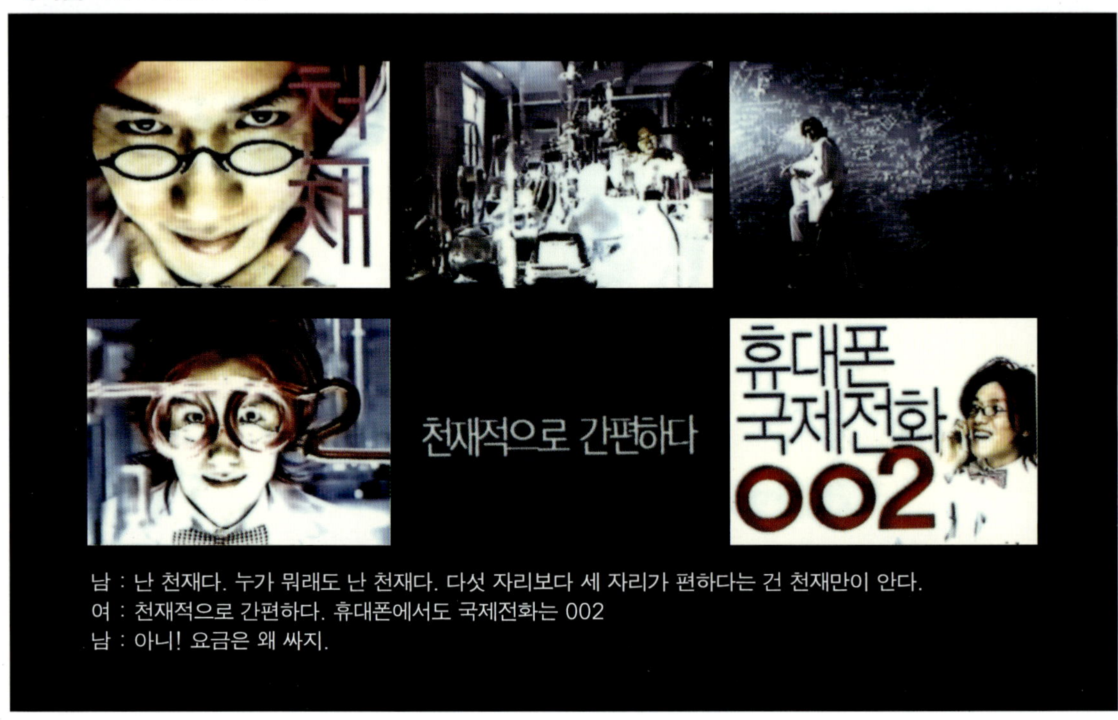

(4) 시즐형(sizzle)

시즐이란 프라이팬으로 고기를 구울 때 지글지글 익는 군침 도는 소리를 말한다. 식품, 빵 등 모든 음식물이 화면에 먹음직스럽게 연출되는 것을 시즐효과라 한다. 이때 카메라 앵글은 시즐감을 살리기 위해 빅 클로즈업(big close-up)을 원칙으로 한다.

① 맥심 카푸치노 2002. 12

② 대청 마루집

③ 하겐다즈 그린 아이스크림

이 풍부한 그린(green)

아름답게 아련하게

쌉쌀하다.

하겐다즈 그린 티

④ 성심당

성심당! 따뜻한 사랑의 맛!

그 맛은 결코 변하지 않습니다.

사랑을 전하는 곳! 성심당

생생히 살아 있습니다.

(5) 3B주의형(baby, beauty, beast)

baby(유아), beauty(미인), beast(동물)를 일러스트레이션의 3B라고 한다. 휴먼 인터레스트(human interest), 즉 인간이 본능적으로 주목하기 쉬운 것이 이 세 가지 요소이다. 그런 만큼 강하게 인간성이나 애정 등에 어필할 필요가 있는 상품 이외에는 사실상 이 3B주의 일러스트레이션이 효과적이다. 동양적인 풍속에서는 대체로 이 중에서도 유아에게 가장 약하다고 한다. 구미 여러 나라에서는 반대로 동물, 미인, 유아의 순이라고 하는데, 여기서도 그 국민성, 민족성이 나타나고 있어 흥미롭다. 주의하여 살펴보면 각국의 광고 삽화, 사진 등에 3B의 테마가 대단히 많다는 것을 알 수 있다.

① 3B

(6) 심벌형(symbol)

상품의 특성이나 테마를 심벌로 대치, 직감적인 인상을 주자는 수법이다. 복잡한 사물이나 관념 또는 사상을 간단하게 표시하기 위해 이와 관련된 물상을 사용하는데 이를 심벌이라 한다. 동물 상징, 색채 상징, 기물 상징 등이 주류를 이루고 있으나 대상이 한정되어 있는 것은 아니다.

필요한 정보를 상(像)이나 심벌에 통합하여 동일화시킨 것으로 시각 측면에서 전체적인 인상을 주기 때문에 비주얼 아이덴티티라고도 한다.

① SK 주유소 2004. 8

② HP 인벤트 2004

'+hp 캠페인'은 한국 시장에서 HP의 위상을 한 단계 업그레이드하는 역할을 했다. 기존의 HP 이미지는 'PC나 프린터를 만드는 회사' 정도였다. 하지만 대대적인 광고 캠페인을 전개한 후 HP는 '종합 IT(정보기술) 전문그룹'이라는 새 이미지를 갖게 됐다. HP가 이 캠페인을 진행한 것은 2002년 컴팩과의 합병 후부터이다. 회사 규모가 커지자 주요 고객들에게 회사의 이미지를 재정립시킬 필요가 있다고 판단, 전 세계 유력 매체를 통해 광고 캠페인을 전개하게 되었다. 수학기호를 광고에 적절히 등장시킨 것도 HP 광고만의 독특한 특징이다. 광고 화면에는 HP를 상징하는 '+' 기호가 화면 전체에 공기처럼 떠다닌다. 증권거래소에서 키보드를 치는 사원의 손끝에서부터 자동차 경주 팀의 바퀴 주변까지 신체의 혈관에 피가 흐르듯 '+' 기호가 흐른다.

(7) 비주얼 스캔들형(visual scandal)

시각적 충격을 의식 내부에 강하게 작용시키는 시각 본위의 수법으로서 그 기법이 만들어내는 스타일과 분방한 유머가 놀라움을 유발하기도 하고 친근감을 주기도 한다.

① 코카콜라 1995

사각형의 사과

원추형의 계란

별 모양의 수박

망고형의 바나나

Na : 세상에는 겉모양이 달라지면 영 어색한 것들이 있습니다.
음료수도 예외는 아니죠. 그래서 이렇게 바꿨습니다. 좋은 생각이죠.
코카콜라!

② 오토월드

자동차 매매의 새로운 세상이 온다.

국제 규모의 자동차 시장
우토 월드.

③ GM 대우 2003. 10

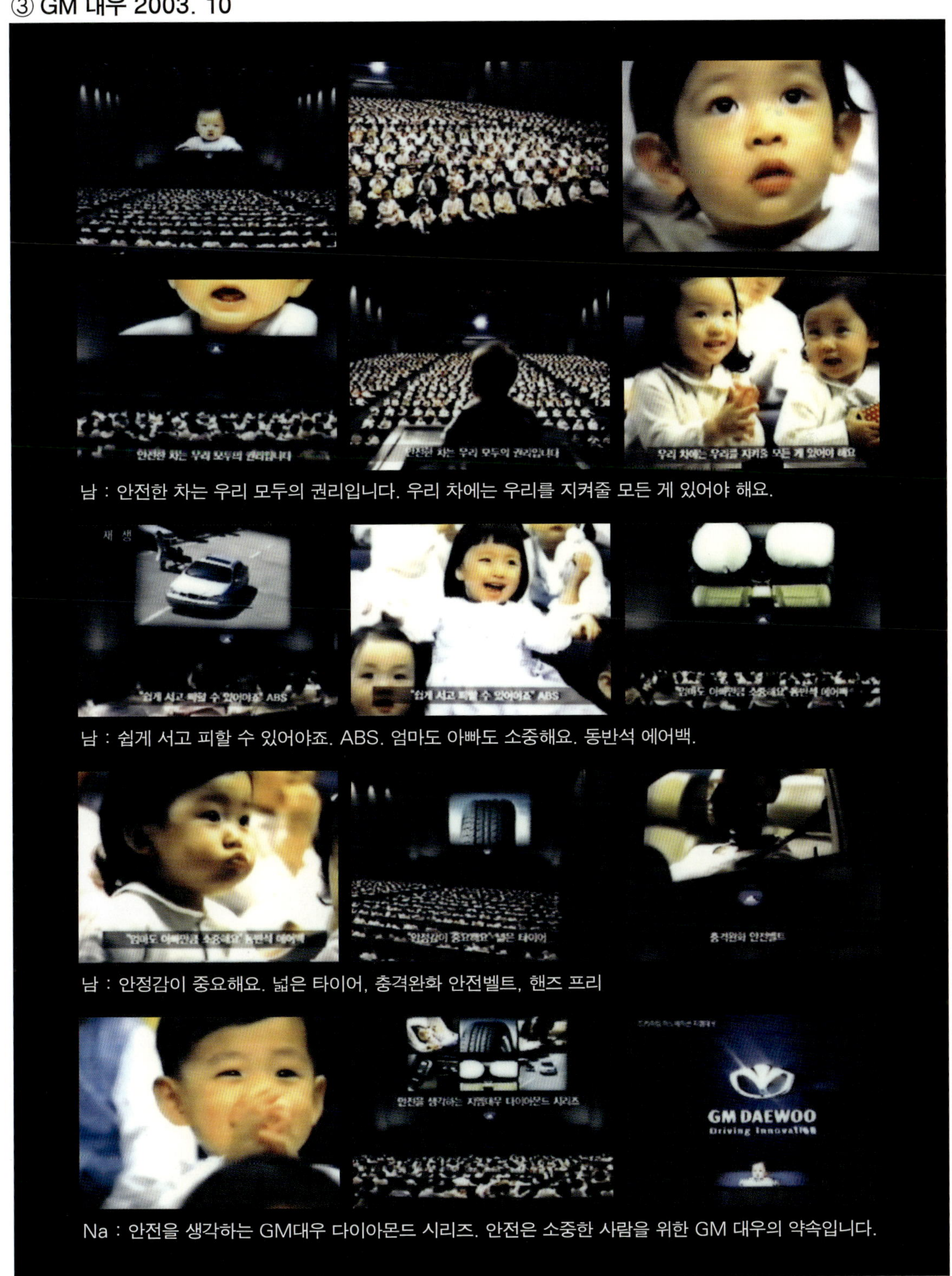

(8) 유머형

유머란 익살스러운 농담이나 해학, 그리고 고상한 멋과 같은 것이며 유머 광고는 발상의 기반이 유머인 광고를 말한다. 위트나 개그 등은 순간적으로 우스꽝스럽게 만드는 수단에 불과하지만 유머는 좀더 전체적이고 지적인 것이라고 할 수 있다. 사람의 마음을 사로잡을 때 강하게 작용하는 것으로, 광고에 이용하여 성공하게 되면 효과가 크지만 독선적으로 비칠 소지도 있다. 유머란 인생의 모순이나 익살 등을 비롯하여 인간 공통의 약점을 관대한 태도로 즐기는 것이므로 받아들이는 측에도 그와 같은 감각이 없으면 안 된다.

① 제일제당(일품 손북어국) 1994

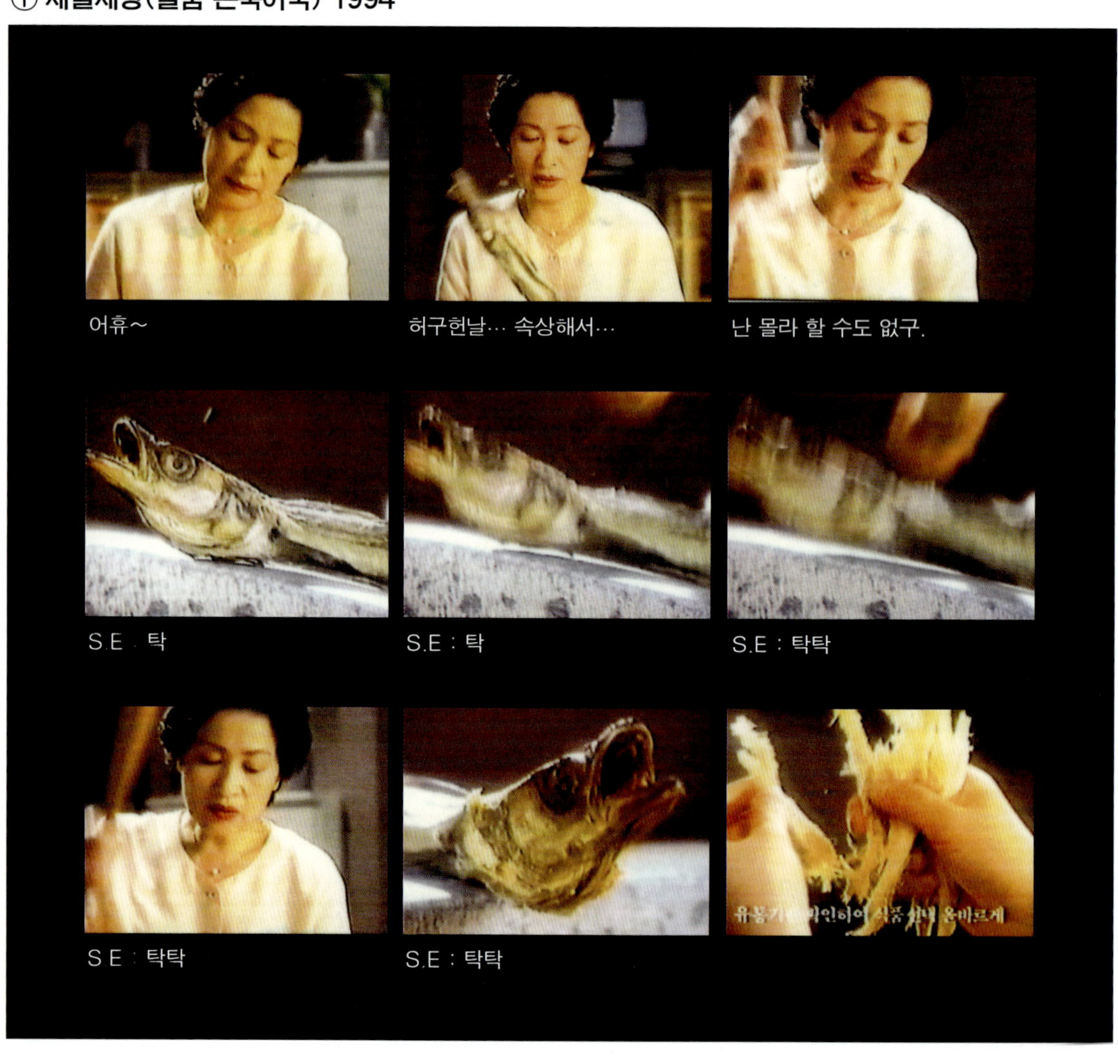

식품 광고의 경우, 주부의 역할은 거의 젊고 예쁜 모델이 나오는데 이 작품에선 넉넉한 삶을 살아온 중년의 김혜자를 모델로 썼다. 생활의 냄새가 자연스레 묻어나는 순수한 내면의 연기가 가슴에 와 닿는다. 또한 13번째 컷을 통상 클로징 컷(끝 장면)으로 처리하는 것이 보통인데 14번째의 다음 날…… 장면으로 이어져 보는 이로 하여금 미소 짓게 한다. 그리고 15번 끝 장면에서 맷돌에 북어를 내리쳐 북어 대가리가 떨어지게 한 장면은 심리묘사의 연출력이 돋보인다.

애꿎은 북어를 모질게 두들겨 패 북어국을 끓여주는 주부, 술을 먹고 허구한 날 늦게 들어오는 남편이 밉지만 나 몰라라 지나칠 수 없는 모양. 결혼한 여자라면 누구나 남편에게 느껴봤을 법한 애증을 정확하게 잡아내는 데 성공했다. 10여 년 전, 현모양처를 천편일률적으로 그려냈던 그 당시 식품 광고와 비교할 때 돋보인다.
남편의 숙취를 걱정하여 정성스레 북어를 뜯어내는 고운 손길 대신, 맵고 호된 북어 방망이질을 보여준 이 광고는 분명 새롭고도 공감이 가는 광고였을 것이다.

성영신(고려대 교수)

② 꺼먹돼지

꺼먹돼지 : 여러분 돼지꿈 꾸시고 부자 되세요

토종 꺼먹돼지는 지리산 맑은 환경에서 사육된

육질 좋은 먹거리

맛! 영양! 가격!

꺼먹돼지 : 제가 누굽니까? 해결했습니다!

③ 파워디지털 017(신세기통신) 1996

이창명 : 자장면 시키신 분~

김국진 : 자, 미안한데 말이야. 내가 마라도로 옮겼어.

이창명 : 못 살아.

Na : 전파의 힘이 강하다. 파워디지털 017

엉~ 창명아!

(9) 실증형

상품이 가지고 있는 특징을 실제로 증명하여 보이는 방법이다. 여기에서 주의할 것은 마술놀이처럼 시청자에게 의문을 던져준다거나 일반적인 광고에서 흔히 사용하는 테크닉으로 소구한다는 인상을 주면 실패한다는 점이다. 광고의 길이가 짧으니 가급적이면 길게 실증(demonstration) 장면을 잡는 것이 유리하다. 한눈에 보아도 납득이 갈 실증 장면이 되어야 할 것이다.

① 브렌닥스 치약(P&G) 1992. 10

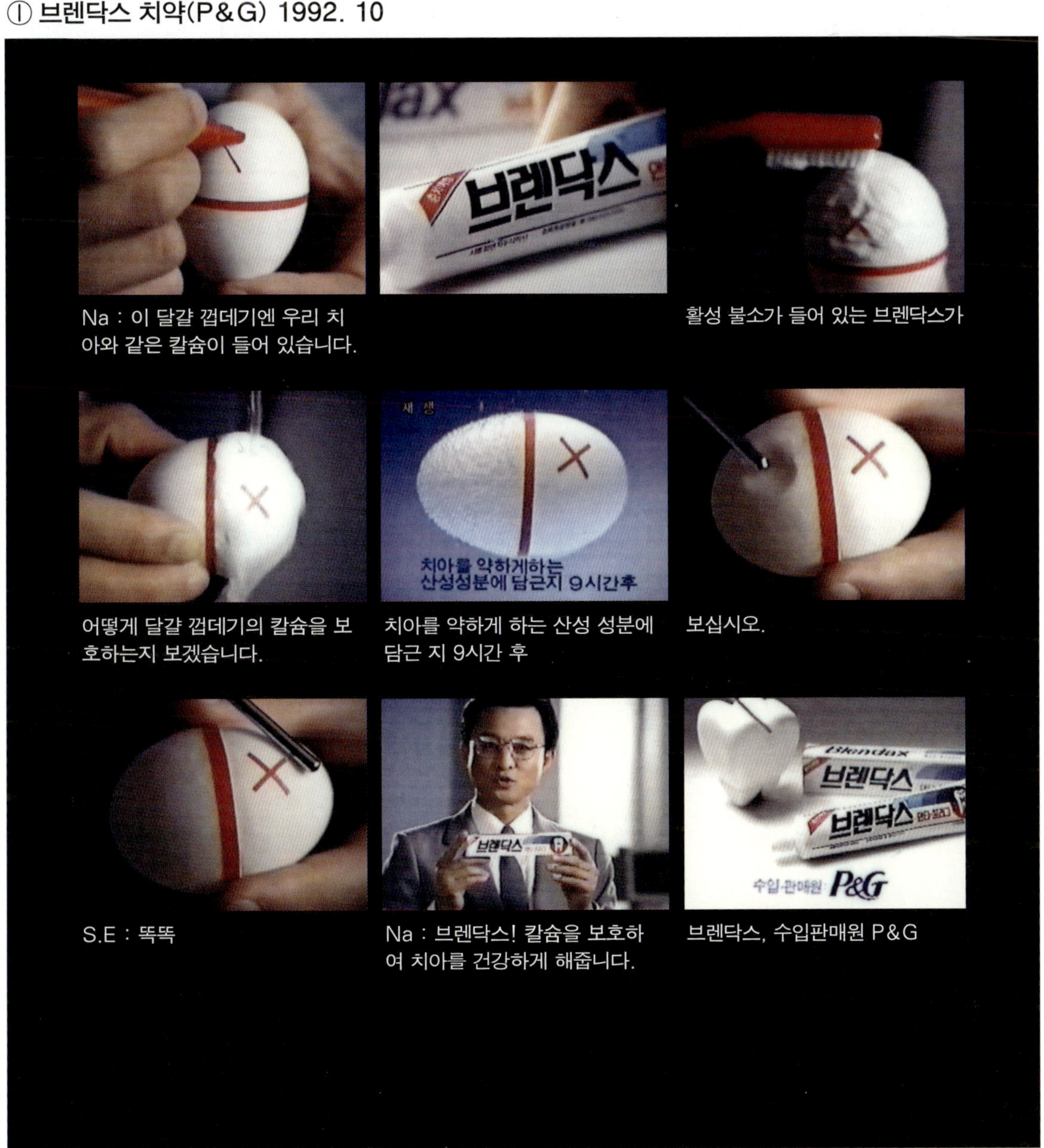

② 죽염치약 2001. 8

죽염치약의 고향은 자연입니다.

죽염치약은 아홉 번 구운 죽염으로

만든 잇몸 건강에 좋은 치약입니다.

평생 잇몸 건강 죽염치약

③ 동원 참기름(진유) 1994. 7

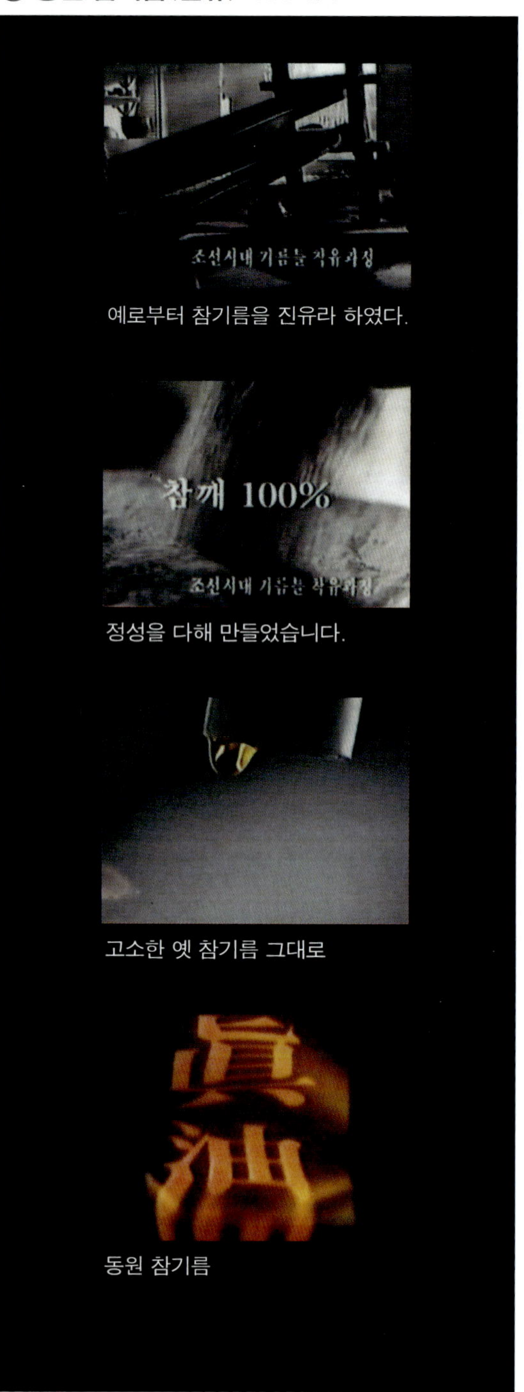

예로부터 참기름을 진유라 하였다.

정성을 다해 만들었습니다.

고소한 옛 참기름 그대로

동원 참기름

(10) 캐릭터형

인물, 동물 등의 사진 또는 일러스트레이션 광고와 관련이 있으며, 다른 상품과의 차별화를 강조하기 위해 장기간에 걸쳐 사용할 수 있도록 하는 것이 필요하다. 큰 흥행을 거둔 만화영화, 공상과학영화의 주인공이나 로고, 일반적 인지도가 높은 목적물이나 이벤트의 심벌마크 등이 사용되며, 이러한 것들의 자산가치 상승으로 캐릭터 사업이 유행하고 있다.

KFC 할아버지 / 유별난 떡볶이 / 로널드 맥도날드

B&F / 미슐린 타이어 / 인텔 센스

판피린A / 장충동 왕족발 / 물먹는 하마 - 옥시

(11) 이미지형

흔히 이미지 광고라 하면 상품이 갖는 분위기를 중시하여 무드의 연상 · 암시에 의해 상품을 인상적이게 하는 광고를 생각하는데, 이것만으로는 상품의 이미지가 형성되지 않기 때문에 이미지 광고라고 하기 어렵다.

특별히 드러내어 강조해야 할 특징을 갖지 않는 상품을 광고에 의해 차별화하기 위해서, 그 상품에 특정 이미지를 부가하도록 만든 광고를 말한다.

① 골드블랜드 커피 일본, 2001. 10

Na : 친애하는 가우디
커피는 맛있는 시대가 왔습니다.
풍부한 향기를 가우디와 즐기자.
차이를 즐기는 사람의 네스카페 골드블랜드

② 동원

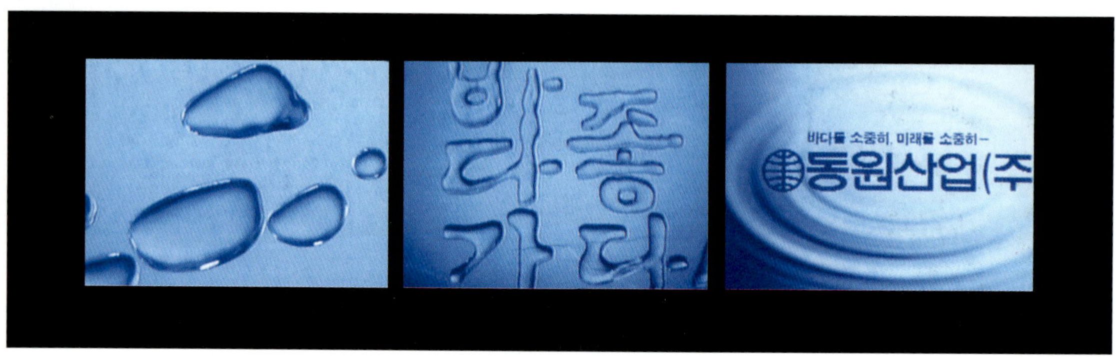

③ 서울우유 1992

자연은 참 신선해요

신선한 우유 서울우유

④ e-닥터 서비스(대우전자) 2001. 5

역사 앞에 얼굴을 건 사람들

고객 앞에 얼굴을 건 사람들

이제, 모든 제품에 3명의 전자 전문의가 함께 갑니다.

대우전자 e-닥터 서비스. 품질과 서비스로 끝까지 책임지겠습니다.

(12) 티저형(teaser)

티저는 '짓궂은 사람' 이란 뜻으로 회사명이나 제품명을 일부러 숨겨 호기심을 끈 뒤 의외의 결과를 내놓아 주목도를 높이는 광고기법이다. 주로 신제품이나 새로운 서비스를 시작할 때 많이 사용한다.

① M? 2003. 6

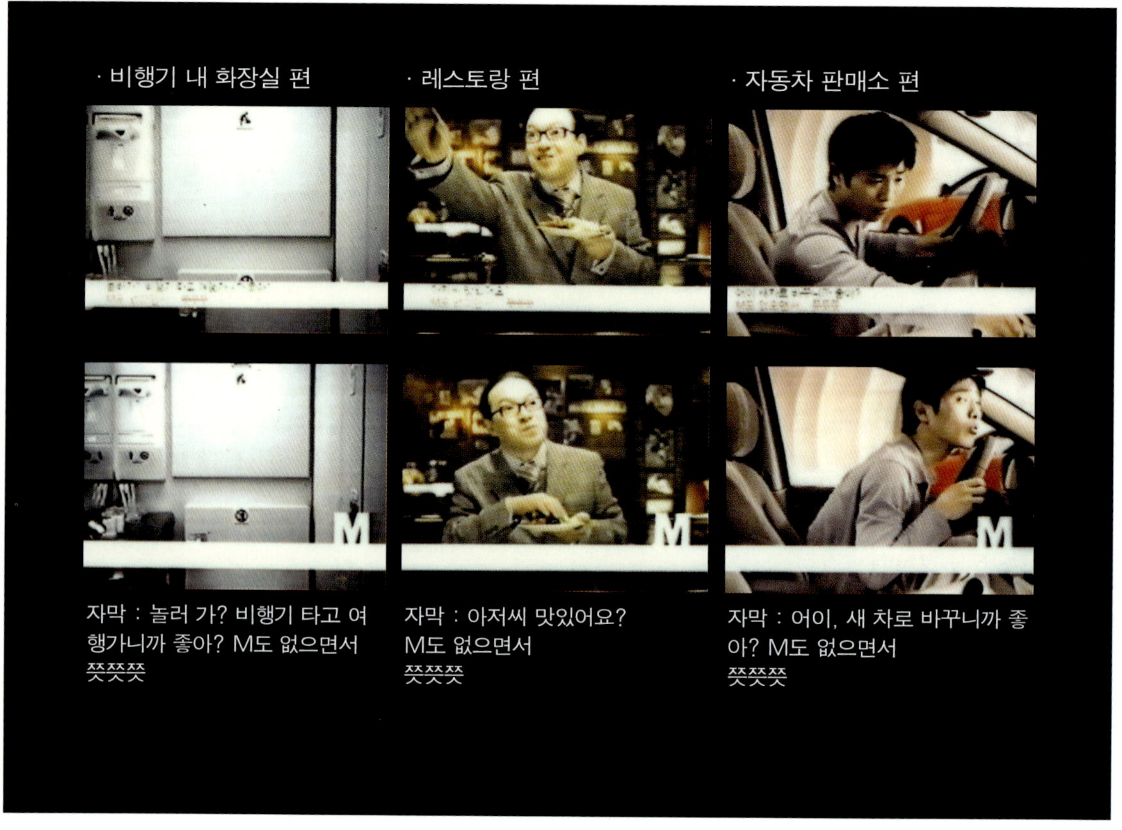

M 카드는 세 가지 티저 광고를 동시에 내보내 M에 대한 궁금증을 불러일으키는 데 초점을 맞추었다. 기존 현대카드 모델이었던 정준호, 장진영 씨 대신에 아마추어를 과감히 발탁했다. 신선한 목소리를 찾기 위해 전문 성우 대신 스태프 진이 직접 녹음을 했다. 광고 하단에 박스를 넣어 자막을 집어넣는 방식을 선보였는데 이 역시 광고업계에서는 처음 시도한 것으로 예고편 격인 티저 광고에 이어 본격적인 런칭 광고가 나가면서 M의 정체가 드러났다. 자동차 관련 토탈 서비스를 제공하는 현대카드의 새 브랜드였던 것. M은 현대카드가 새로 내놓은 신개념 카드로 '멀티플(multiple, 다기능)' 의 약자이다.

(13) 증언형

각기 전문 분야의 권위자 또는 일반 소비자가 출연하여 그 상품을 설명하거나 권장함으로써 상품의 신뢰감을 높이려고 하는 형식의 광고. 권위자는 고명한 학자 · 정치가 · 문화예술인 등인 경우가 있고, 또는 그 상품의 생산책임자라든가 발명가 혹은 사용 경험이 있는 가정주부 등이 있다.

① KT 집 전화 정액 요금제 2002. 10

아나운서 : KT 집 전화에서 맞춤 요금으로 무제한 통화할 수 있는 정액 요금제를 실시합니다.

증언 1(주부) : 정말 무제한 써도 되네요.

증언 2(주부) : 시내구 시외구 콱콱 써두 이젠 안 무서워.

② 하이트 맥주 1995

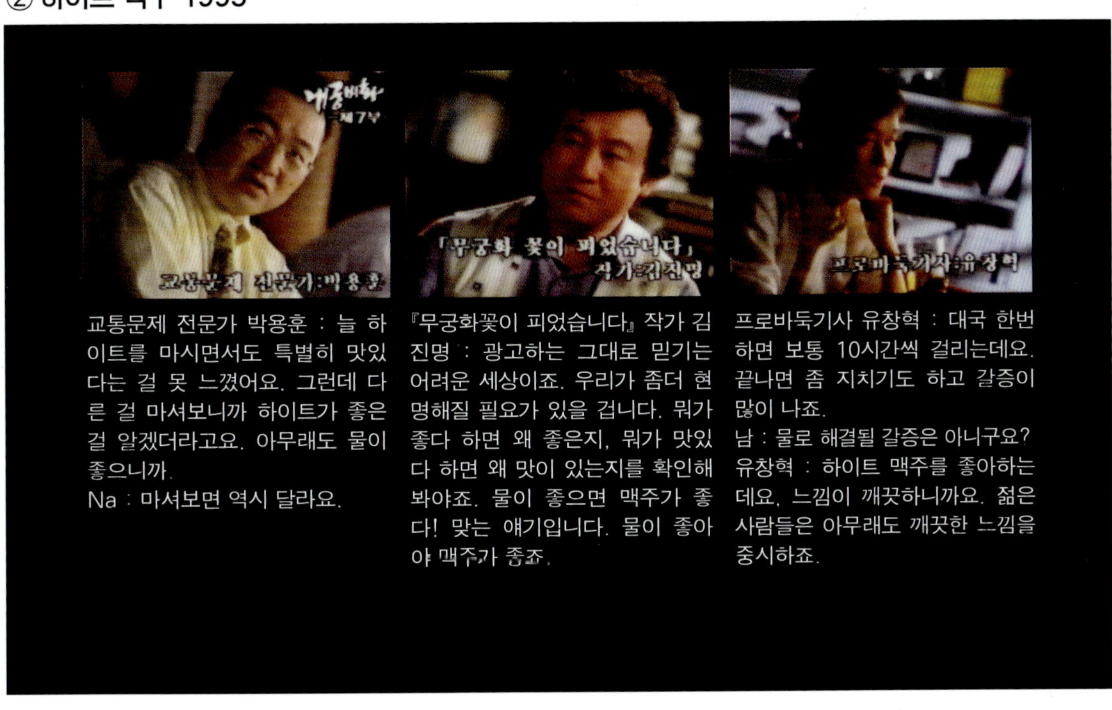

교통문제 전문가 박용훈 : 늘 하이트를 마시면서도 특별히 맛있다는 걸 못 느꼈어요. 그런데 다른 걸 마셔보니까 하이트가 좋은 걸 알겠더라고요. 아무래도 물이 좋으니까.
Na : 마셔보면 역시 달라요.

『무궁화꽃이 피었습니다』 작가 김진명 : 광고하는 그대로 믿기는 어려운 세상이죠. 우리가 좀더 현명해질 필요가 있을 겁니다. 뭐가 좋다 하면 왜 좋은지, 뭐가 맛있다 하면 왜 맛이 있는지를 확인해 봐야죠. 물이 좋으면 맥주가 좋다! 맞는 얘기입니다. 물이 좋아야 맥주가 좋죠.

프로바둑기사 유창혁 : 대국 한번 하면 보통 10시간씩 걸리는데요. 끝나면 좀 지치기도 하고 갈증이 많이 나죠.
남 : 물로 해결될 갈증은 아니구요?
유창혁 : 하이트 맥주를 좋아하는데요. 느낌이 깨끗하니까요. 젊은 사람들은 아무래도 깨끗한 느낌을 중시하죠.

(14) 패션, 스타일형(fashion, style)

유행을 노리는 상품의 광고로서 의류를 중심으로 액세서리, 소품까지 다양하고 멋스러운 것들이 이에 속한다. 패션 관련 상품은 제품 수명(product cycle)이 짧은 것이 특징이다.

스타일이라는 말은 단순하게 옷의 착장(着裝) 형태를 넘어 자신을 둘러싼 모든 것들에 대한 감성을 뜻한다. 옷, 액세서리, 노트북, 인테리어, 화장법, 머리 스타일, 핸드폰, 디지털 카메라…… 더 나아가 자동차를 선택할 때에도 자신의 감도와 일치하는지를 중요시한다. 심지어는 테이크아웃 커피잔을 들고 거리에서 마시는 것도 자기 스타일의 코디라 할 수 있다. 성숙기 시장의 마케팅 종착점이 패션 마케팅 혹은 감성 마케팅이라는 것과도 상통한다. 이동 통신의 경우 도입, 성장기에는 통화 감도와 수신 불가지역이 없다는 등의 기능적인 소구를 하였다. 하지만 성숙 시장으로 가면서 TTL과 같은 감성에 호소하는 마케팅의 기법을 사용하게 되었다. 신세대들은 아무리 기능과 품질이 좋아도 디자인과 감도가 자신의 스타일에 맞지 않으면 외면한다.

이들이 원하는 스타일을 패션을 중심으로 살펴보려 한다. 신세대를 대표할 수 있는 패션 스타일은 무엇일까? 10여 년 이 세대를 선도한 것은 힙합 스타일이었다. 이후 스포츠 캐주얼, 이지캐주얼을 지나 캐포츠와 감성캐주얼 스타일을 경험한 이들에게 캐주얼 착장이란 단순히 오프타임(off-time)의 TPO(time, place, occasion)를 위한 옷의 개념이 아니다. 오프타임에 가장 많이 입는 스타일은 역시 편안한 캐주얼에 이어 활동적인 스포티브 캐주얼이다. 보디 실루엣을 살리는 세련된 스포티브 캐주얼 스타일의 패션피플이 나르시스가 되어 스스로를 타인(거울)에 비춰보며 자기를 찾는다.

· 패션 주류(masstige)

패션시장의 주류는 중저가 또는 준 명품급인 '매스티지(masstige)' 제품군이다. '매스티지'란 대중(mass)과 명품(prestige product)을 합성한 신조어로 대량으로 판매되지만 질은 고급인 상품을 말한다.

샤넬, 아르마니, 파올로 구찌, 피에르 가르뎅의 명품들은 강남의 청담동이나 압구정동 등에서나 만날 수 있는 것들로 거리의 푸르디푸른 젊은이들을 발랄하고 톡톡 튀며 젊음의 감성이 묻어나는 패션 물결로 만들고 있다.

① 피에르 가르뎅 1995. 8

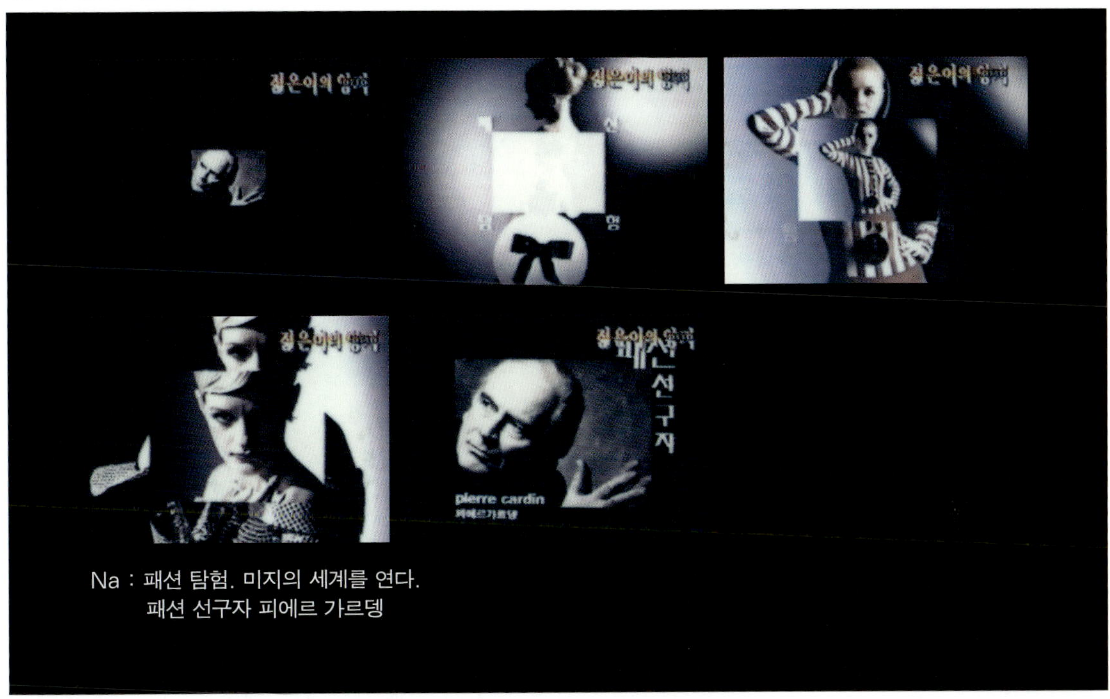

② 파올로 구찌 1995. 12

③ 김건모 LG 패션(힙합의 리듬을 찾아서 '티피코시') 1995. 3

김건모 ♪: 오! 예~ 아냐 아냐 호아~
지금 내게 필요한 건 티피코시뿐이야.
티피코시, 처음 만난 그날부터 나는 너무 많은 것이 달라지기 시작했어.
나의 색깔, 나의 패션, 나의 스타일. 티피코시에 맞춰 변해버리는 거야.
이젠, 나도 알고 있어. 화려한 색깔, 멋진 모습, 널 따라갈 수만 있다면.
김건모 ment : 색깔 따라 입읍시다!

④ 패션 NIZ몰 2003

⑤ 패션 크레아또레 1994

Na : 그녀의 이름은 자유!
크레아또레 패션

⑥ 미용패션 MIZ

Na : 피할 수 없는 변신의 유혹
미즈!

⑦ 점프 밀라노 2002. 8

여 : 세상이 너를 구속하여도 슬퍼하거나 노하지 말라.

남 : 점프 밀라노

(줄을 끊는다)

다 같이 : 터져라! 감각 점프

여 : N세대 패션몰

여 : 점프 밀라노

⑧ BELUOMO 2002

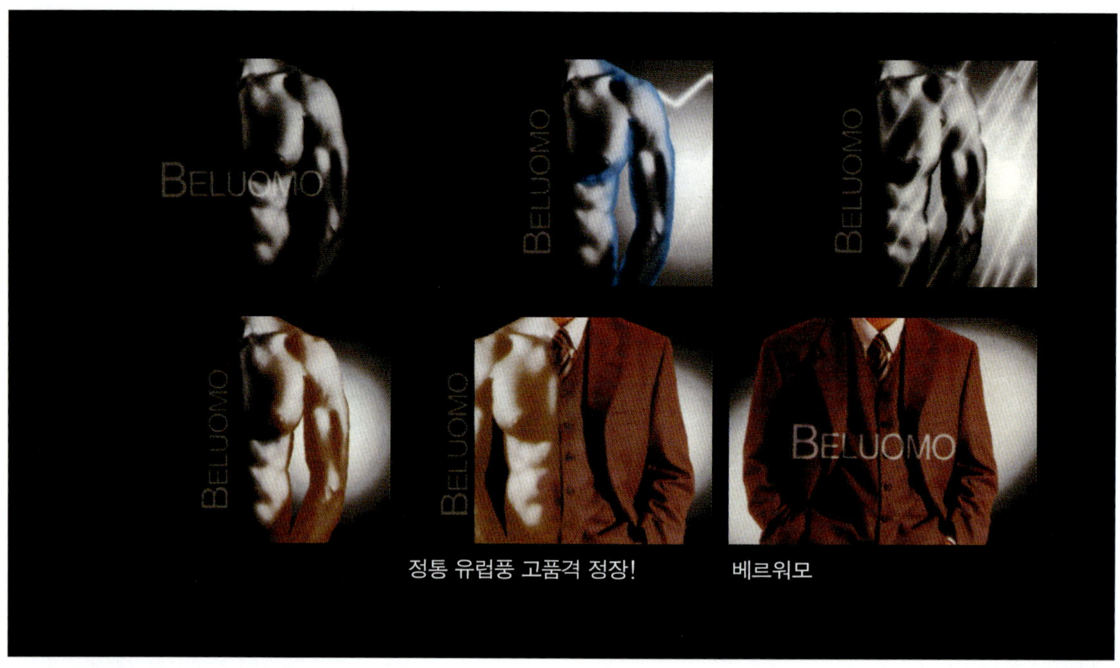

⑨ CESTI 1994

⑩ 보스톤 매너(파올로 구찌) 1996

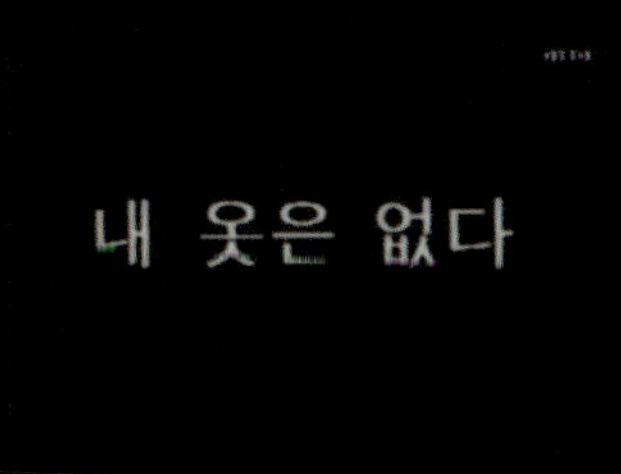

내 옷은 없다

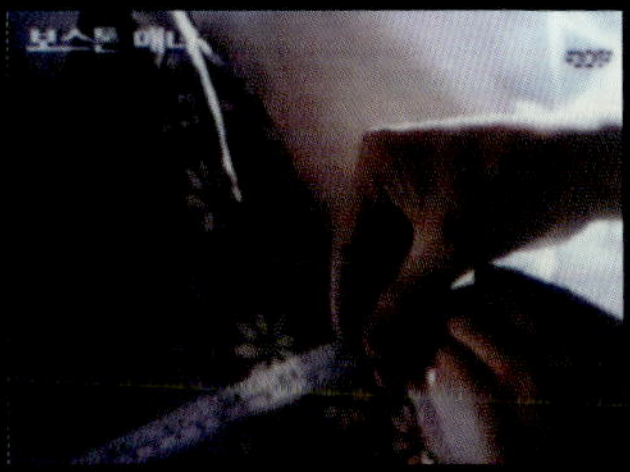

Na : 오직 당신만을 위해 정성스레 맞추어 드립니다.

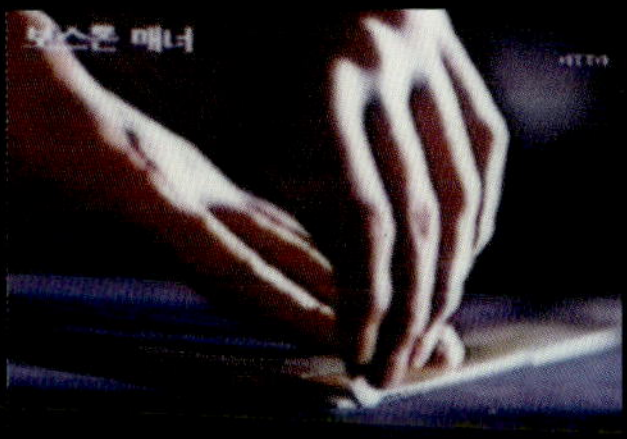

맞춰입는 기성복

맞춰 입는 기성복 보스톤 매너

파올로 구찌에서 만듭니다.

⑪ 르 파르(밍크) 1995

패션 밍크. 르 파르

(15) 아이캐칭형(eye catching)

시각적으로 강렬한 인상을 줌으로써 시선을 집중시키는 요소나 효과를 말한다. 주로 광고 분야에서 상품이나 회사의 독자적인 성격을 인상적으로 부각시키기 위해 동물이나 인물의 컷을 말하는 경우가 많다. 아이 캐칭은 아이 스토퍼(eye stopper)와 동일한 의미로 사용되기도 하지만, 아이 스토퍼는 주로 디스플레이나 환경 디자인 분야에서 많이 사용하는 용어이다.

① '세이 워터 캐처 시스템' (LG 생활건강) 2003. 5

② 소프트 소프 보디 워시 미국, 2001. 5

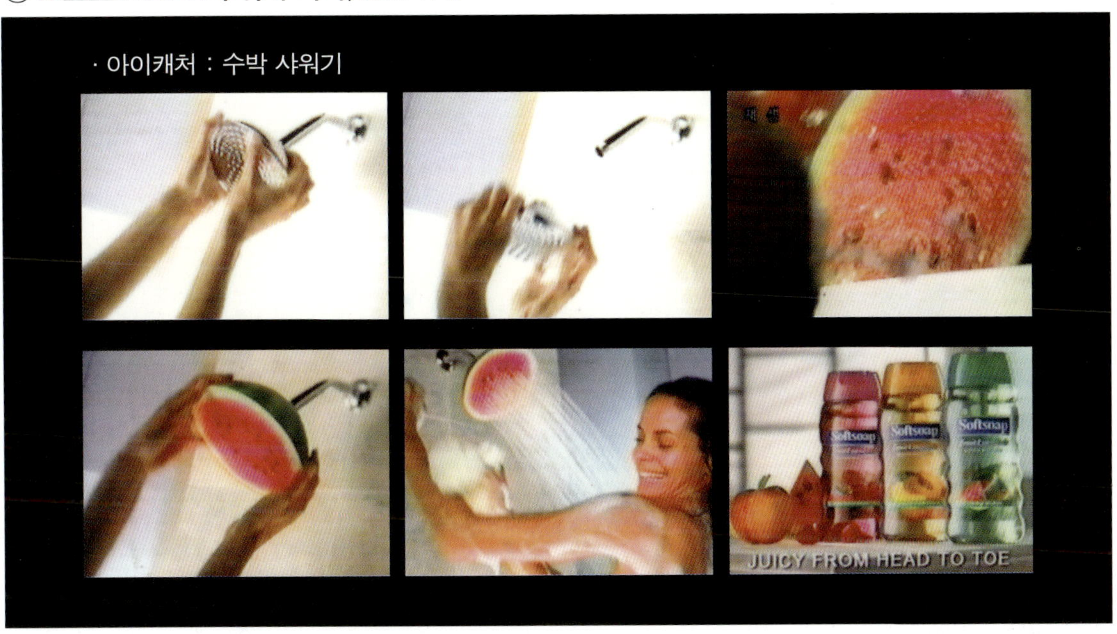

③ 센스 아카데미 페스티벌 2002. 3

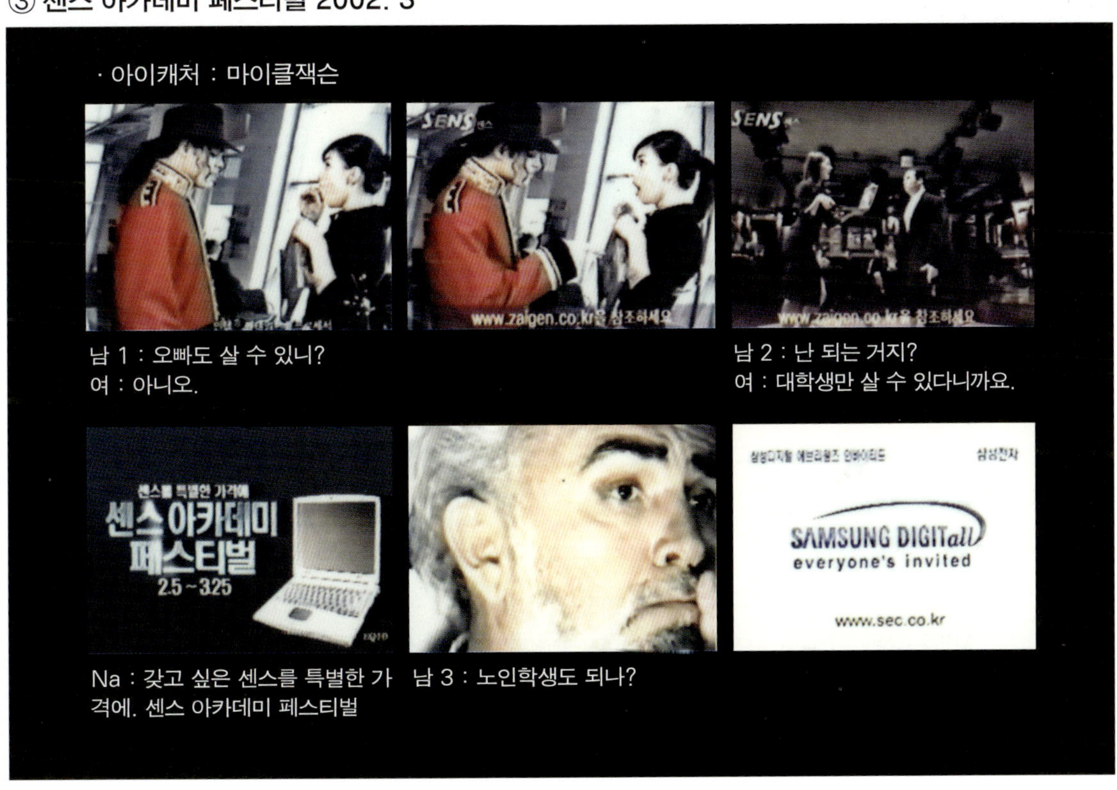

(16) 판타지형

몽상적인 분위기와 자유분방한 형식으로 만화 세대이기도 한 신세대 코드에 알맞은 연출기법이다.

① KTF EVER(KTF)

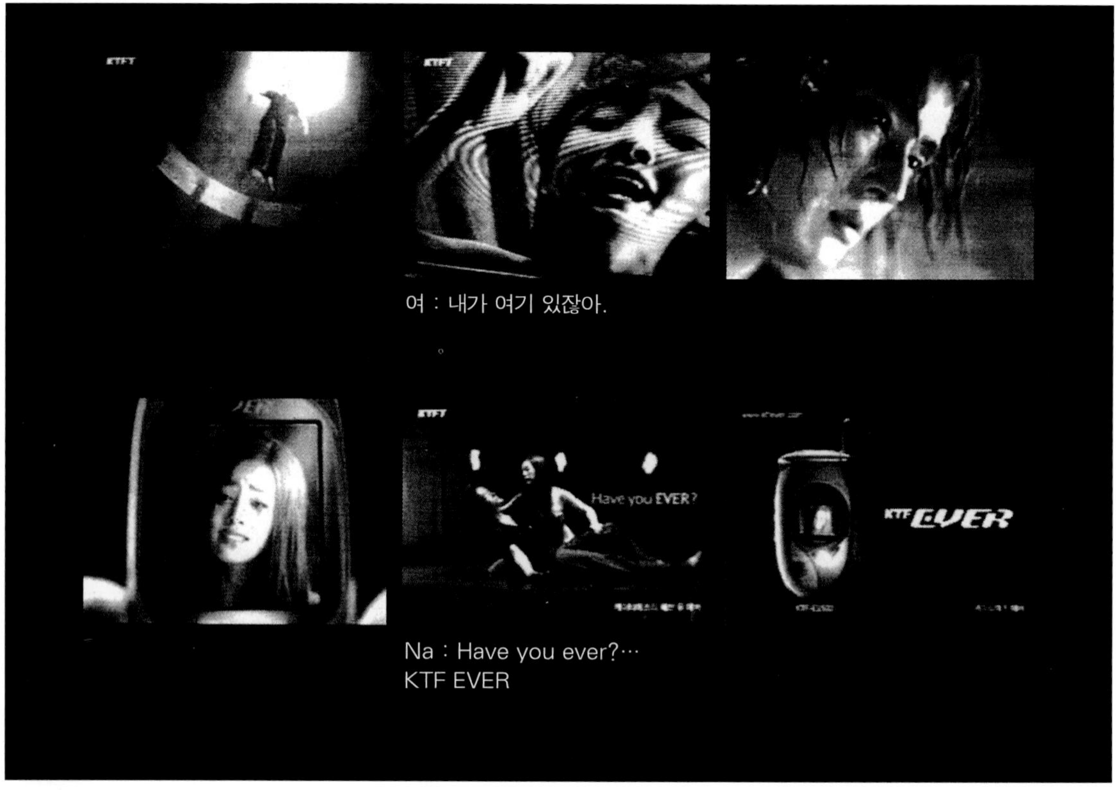

KTF의 'EVER' 휴대전화 광고는 '부활'이라는 판타지 코드를 반영하고 있다. 게임 속 한 장면같이 거대한 원기둥 모양의 돔 속에서 죽은 듯 공중에 떠 있는 남자. 남자의 몸이 한 줄기 빛을 타고 서서히 공중으로 떠오르기 시작하자 그와의 영원한 이별을 예감한 여자가 미친 듯이 오열한다. 이때 한 줄기 휴대 전화 벨소리가 적막을 깨고 "내가 여기 있잖아" 하는 동영상 메시지가 남자의 휴대 전화로 전달되자 남자가 눈을 뜬다. 이쯤 되면 게임 광고 같다는 이야기도 있고, 내용이 알쏭달쏭하다는 평도 있다. 논리의 한계나 정답이 없는 판타지 코드의 전형을 보여주는 예다. 'EVER'의 주 타깃인 10, 20대는 이와 같은 판타지 코드에 친숙하다면서, 한번쯤은 이런 경험을 상상해봤음직한 애절한 러브 스토리를 중심으로 'Have you EVER?(이런 경험 해보셨나요?)'라는 질문으로 소비자의 공감을 끌어내고자 한 것이다.

(17) 역발상형

금기를 깨는 역발상의 아이디어. 뭐든 반대로 거꾸로 하는 청개구리처럼 업계의 금기를 깨는 광고는 강한 효력을 발휘한다(negative approach라고도 한다).

① M카드 2003. 12

현대카드 미니스커트 정상회담

카메라 플래시가 터지면서 부시 대통령, 영국의 찰스 황태자, 옛 소련의 고르바초프 서기장 등 각국 정상이 단상에 오른다. 정상회담 결과를 발표할 듯 엄숙한 분위기이지만 갑자기 흥겨운 음악이 흐르면서 정상들의 어깨가 들썩인다. 카메라가 정상들의 전신을 비추자 아랫도리가 미니스커트다. 통념을 깨는 창조성으로 '미니' 카드를 강조했다.

② 프랑스의 생수 '에비앙' - 구멍 속 빨간 발톱

구멍 난 양말을 신은 적이 있을 것이다. 창피하다고 생각한 적이 많았겠지만 이 광고를 보니 전혀 그럴 필요가 없는 것 같다. 구멍 난 양말이 이렇게 매력적이며 통쾌한 적이 있었던가? 구멍을 통해 보이는 빨간 발톱이 너무도 자극적이고 재미있다(그림1).

자, 이번엔 구멍 난 옷(그림2)을 한번 보자. 목 언저리를 보니 프릴을 달아 잔뜩 멋을 부린 듯하지만 이 옷도 웬일인지 가슴 언저리에 구멍이 나 있다. 여자의 눈초리가 상당히 강하고 매력적이지만 옷에 난 구멍만큼은 아니다. 두 광고 모두 눈길을 끄는 것은 바로 구멍이다. 그렇다면 도대체 뭘 전하려고 옷에다, 양말에다 구멍을 뚫었을까?

이 광고는 구멍이 있는 새로운 병의 에비앙(그림3)이 시판되었음을 알리는 광고이다. 깨끗함을 생명으로 아는 에비앙을 구멍 난 양말이며, 옷에 비유를 하다니…… 매우 놀라운 일이지만 프랑스에선 가능한 일이다. 그것도 아주 감각적이고 삶의 여유가 묻어난다. 참 쉽습니다, 참 심플합니다, 참 재미있습니다, 또한 참 강력합니다. 우리 같으면 이런 광고를 할 수 있을까? 더럽다, 냄새난다, 고급스럽지 않다, 부정적이다 등등 수많은 이유를 들어 나오자마자 그냥 죽여버렸을 아이디어다.

우리나라 광고 표현도 참 많이 다양해지면서 여러 가지 새로운 시도도 해보고 있지만 아직도 넘기 어려운 벽이 바로 부정적인 접근방법(negative approach)이 아닌가 싶다. 부정적인 어프로치를 좋아하는 광고주는 하나도 없다. 회사나 제품의 이미지에 좋지 않기 때문이라고 말한다. 아무리 좋은 아이디어라 하더라도 한두 사람이 "부정적이지 않나요?"라고 지적하면 십중팔구 그 아이디어는 빛을 보지 못하고 사그라지고 만다.

이현화(오리콤 크리에이티브 디렉터)

③ 나이키 테니스화 1992

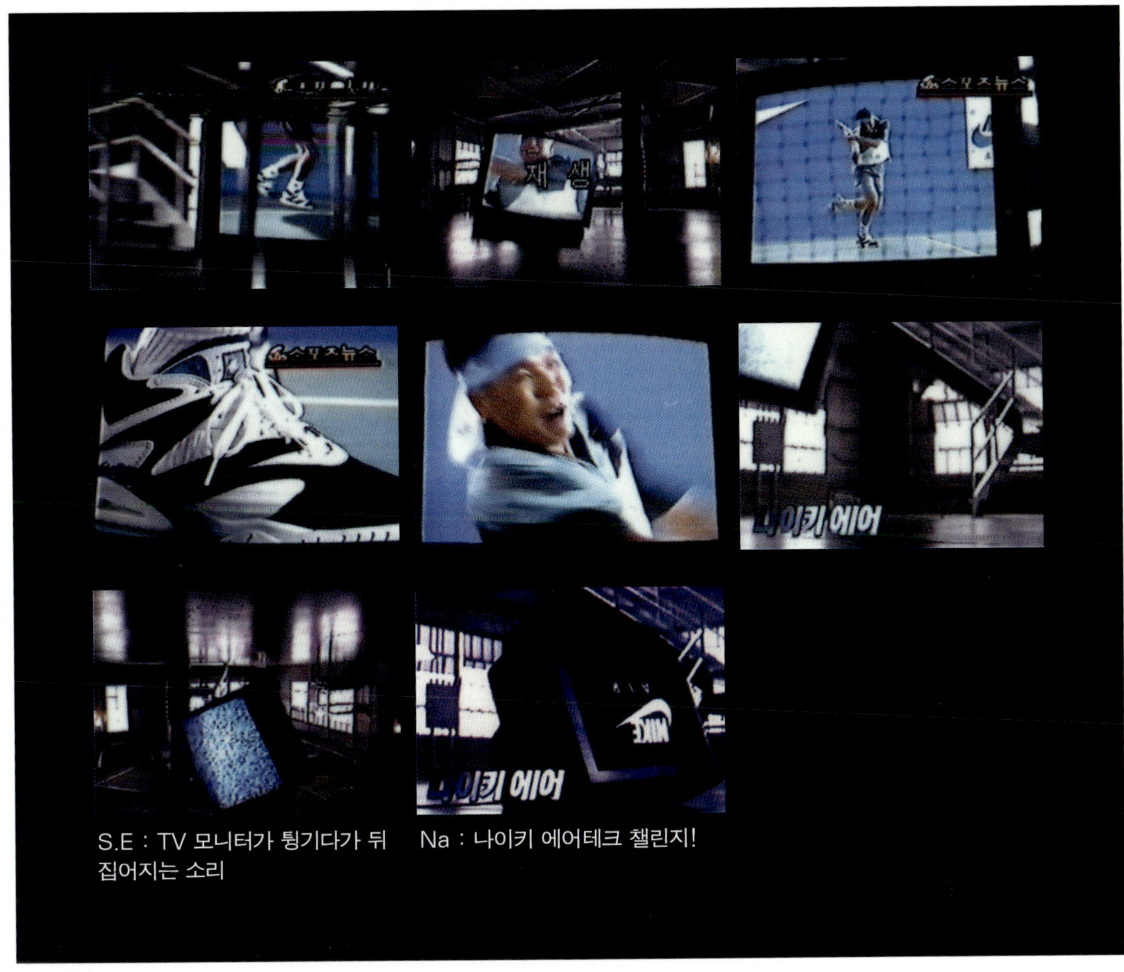

S.E : TV 모니터가 튕기다가 뒤집어지는 소리

Na : 나이키 에어테크 챌린지!

뒤집혀진 브랜드

기업의 입장에선 '브랜드'와 로고는 국가의 국기처럼 소중히 다루는 게 원칙이다. '나이키'의 로고가 뒤집혀 거꾸로 된다. 틀을 깨는 과감한 발상이다. 정돈된 '로고'의 고정관념을 과감히 쳐부순 연출이다.

(18) 비교형

과거처럼 단순히 제품의 기능을 비교하거나 감성적으로 경쟁사의 심리를 건드리기보다는 재치와 유머가 넘치는 창의성으로 소비자들에게 깊은 인상을 남기는 게 최근 비교 광고의 특징이라 하겠다. 비교 광고는 자칫하면 사실을 왜곡해서 경쟁상대에 대한 중상과 비방이 되기 쉽다. 다른 상대 제품에 대한 비판은 상대방의 반격을 초래하며, 이전투구의 결과는 소비자를 혼란시켜서 광고에 대한 신용을 잃게 만든다. 소송 문제로 발전하면 막대한 비용이 든다.

2001년 말 비교 광고가 허용됐을 때 봇물처럼 쏟아지던 광고는 요즈음은 찾아볼 수 없다. 한국적 정서엔 비교 광고가 어려운 독특한 점이 있다. 무엇보다도 국내 기업들 사이에서는 비교 광고를 여유 있게 받아치는 너그러움이 부족하고, 예의를 중시하는 한국의 전통과도 맞지 않아 오히려 소비자들로부터 외면을 당할 수도 있다.

경쟁업체를 깎아 내리면 동종업계 제품에 대한 전체적인 신뢰도가 떨어질 수 있다는 위험도 부담해야 하므로 비교 광고는 기피하는 경향이 있다. 무엇보다도 객관적인 공인 기관으로부터 인증된 자료를 제시해야 한다는 비교 광고 여건을 맞추기 쉽지 않다는 현실도 비교 광고 확산을 가로막는 주요한 원인으로 꼽힌다.

① 롯데칠성음료 칠성사이다

② OB 큐팩

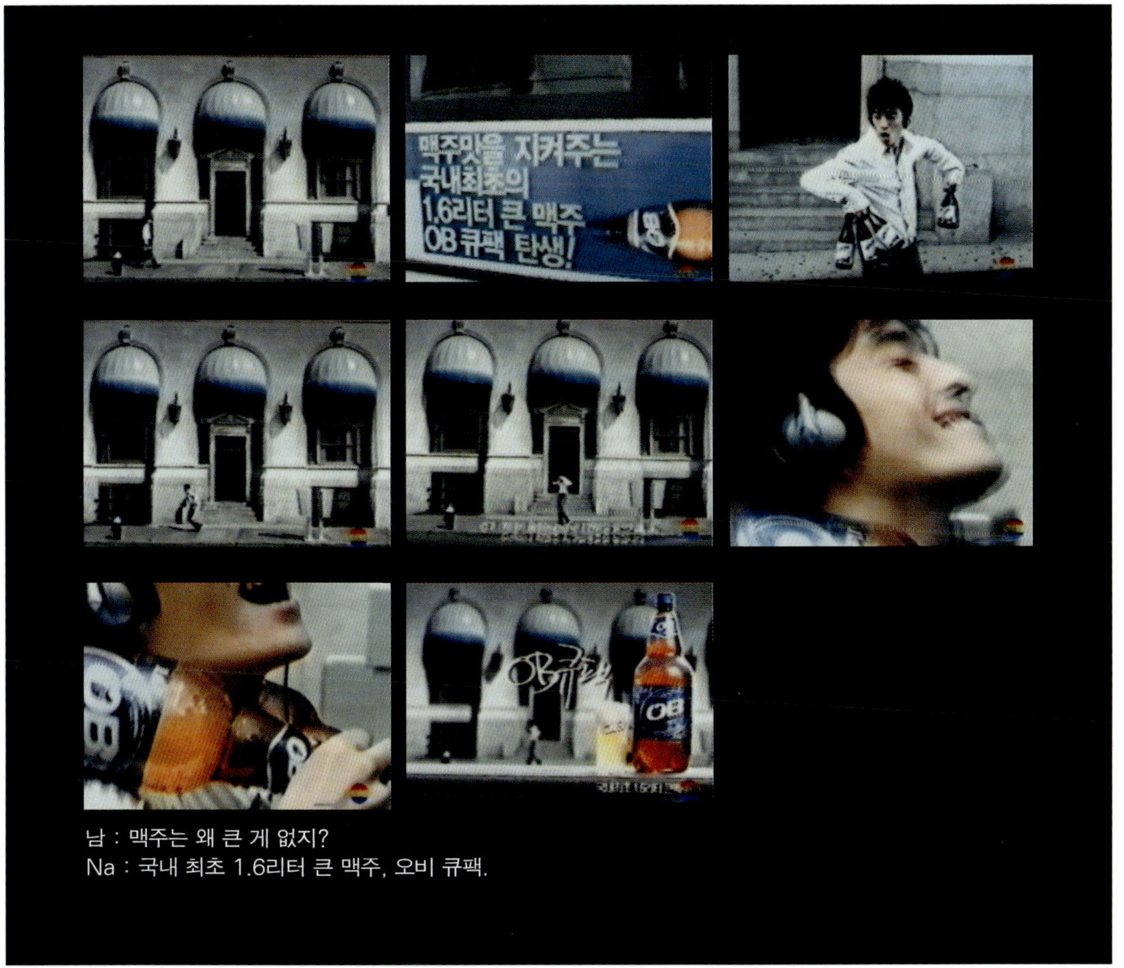

남 : 맥주는 왜 큰 게 없지?
Na : 국내 최초 1.6리터 큰 맥주, 오비 큐팩.

최근 들어 경쟁사를 은근하게 빗댄 광고가 늘고 있다. 이전의 비교 광고가 성능이나 특징을 직접 겨냥했다면 최근엔 한층 발전해 재치가 넘친다는 것이 특징이다.

OB맥주가 힘들게 병맥주 5병을 두 손에 들고 걸어가며 "맥주는 왜 큰 게 없지?"라며 투덜거린다. 이때 OB맥주에서 1.6리터짜리 대용량이 나왔다는 사실을 알리는 광고판을 단 버스가 지나간다. 남자는 뒤돌아 달려가서 새로 나온 맥주를 여유 있게 들고 온다. 눈을 크게 뜨고 들여다보면 남자가 들고 가던 무거운 병맥주의 브랜드가 '화이트(White)' 임을 알 수 있다. 경쟁 제품인 '하이트(Hite)'를 슬그머니 빗댄 것. 과거처럼 난순히 제품의 기능을 비교하거나 감정적으로 경쟁사의 심기를 건드리기보다는 재치와 유머가 넘치는 창의성으로 소비자들에게 깊은 인상을 남기는 게 최근 비교 광고의 특징이다.

(19) 드라마형

매 편의 광고가 어떤 특정한 주제를 갖고 드라마처럼 이어지는 형식의 광고를 말한다. 드라마식 광고는 드라마의 요소를 광고 속에 자연스럽게 흡수시켜 광고에 대한 거부감을 해소시키는 데 목적이 있다. 동일한 테마나 내용을 기본으로 해서 계속 연결되는 형태이기 때문에 시리즈 형식의 광고와 비슷하지만 시리즈 광고는 매 편에서 시추에이션이 끝나는 데 비해 드라마식 광고는 내용 전개가 매 편에서 끝나는 것이 아니고 드라마처럼 연결되는 좁혀진 의미에서의 시리즈 광고라고 할 수 있다.

① 2% 부족할 때(롯데칠성음료) 2001. 6

(20) 생활단면형(slide of life)

독특한 스타도 등장시키지 않고 상품을 노골적으로 드러내지도 않으면서 그저 친근하게 와닿는 일상의 단면을 통해 자연스럽게 브랜드 마케팅을 하는 형식을 말한다.

① 삼성생명 2006

제2장 히트 CF

CF에서 히트란 무슨 의미일까?
영상 테크닉과 감각적 소재주의에 비중을 둔, 반짝 유행성 히트라는 충무로식 시각이 있는 반면, 과학적인 광고 전략에 의해 실질적인 판매 증대와 기업 이미지 향상에 이바지한 작품을 히트한 것이라고 보는 냉정한 '시장성' 중심의 시각도 있다. 그러나 둘 중 어느 한 면만 강조한 작품보다는 예술적인 세련미와 CF 본래 목적인 판매 증대 및 기업 이미지 상승효과를 슬기롭게 조화시킨 작품이야말로 히트 CF가 아닐까?

이 장에서 소개하는 히트 CF 작품들은 이른바 메이저급 대행사의 PD, 프로덕션의 스타급 감독들의 작품뿐만 아니라 지방에서 활약하고 있는 감독, 프리랜서, 심지어는 데뷔 작품이 히트된 새내기 감독들의 작품에 이르기까지 다양하다.

작품들의 면면을 보면 다채로운 탄생 배경을 발견할 수 있다. 위험을 감수하고 감독 개인의 암호 같은 방식으로 실험성을 살린 전위적인 작품이 있는가 하면, 광고주와 대행사측의 완벽한 구성에 연출력만 덧입혀 작품을 승화시킨 경우, 광고주로부터 수주받지 않았는데도 파일럿(pilot, 견본 작품)으로 승부수를 던져 히트시킨 작품, 약속된 기획안을 무시하고 현장에서 떠오른 영감에 의해 즉흥적으로 연출한 것이 의외의 효과를 낸, 그야말로 탈문법의 형태도 있다.

여기에 소개되는 작품들은 국내외 광고제 수상작을 비롯해 광고전문지, 광고연감 등에 소개된 우수작, 그리고 '서울CF디렉터스클럽'에서 모니터 작업을 통해 추린 것들이다. 할 수 있는 한, 작품마다 담당 감독과 PD들의 제작노트와 기획노트 등을 첨부하여 이해에 도움을 주고자 노력하였다.

소개된 작품들 외에도 좋은 작품들이 많지만 CF 특유의 익명성과 기록 부재로 인해 직자를 확인할 수 없어 함께 포함시킬 수 없는 아쉬움이 크다.

01_필링형feeling

보브(VOV)
KTF 서프라이즈 핌(서태지 귀국 편)
큐리텔(보아 편)
아모레 트윈엑스 X 세대의 출현(이병헌 편, 이병헌 · 김원준 편)
큐리텔 S2 '열지 마'(윤도현 편)
NII(세정과 미래)
JOFF
TTL(푸른 주단 편, 개구리 편, 토마토 편)
TTL 스무 살 콘서트
삼성 애니콜 Rap Battle(Battle girl)/Dance Battle(B-boy)
프로스펙스(움직여 편, 태워버려! 편)
팬택 & 큐리텔 3D 사운드
팬택 & 큐리텔 콘서트
LG 싸이언 IMT-2000

보브(VOV)

〈제작노트〉

화이트의 신지훈 PD와 회의를 시작했다. 보브라는 신생 화장품 브랜드의 런칭이다. 일반적인 화장품 광고의 경우 아이디어 회의와 모델 찾기를 병행하지만, 이번의 경우는 '임은경' 이라는 모델을 미리 결정하고 아이디어 회의를 시작했다. 화장품 광고의 모델은 무시할 수 없는 힘을 가지고 있기 때문에 타깃에게 영향력이 있으면서도 또 다른 경쟁제품에 출연하지 않은 모델을 미리 선정한 것이다. 우리는 여러 차례 회의를 거쳐 '두 번째 이브' 라는 키워드를 만들어냈다. 여자, 태초에 결정된 성이 아닌 자신이 새롭게 만들어내는 여자라는 의미를 함축하자는 것이다. 화장을 시작할 때 여자는 다시 태어나니까…….

또한 여자가 남자의 갈비뼈로 만들어졌다는 성경의 이야기를 부정함으로써 여자의 정체성을 재해석하고, 사회생활을 처음 시작하는 타깃의 '독립' 이라는 잠재의식을 자극하기 위해 '더 이상 아담의 이브가 아니다' 라는 슬로건을 만들어냈다. 그리고 콘셉과 슬로건에 이은 여러 차례 콘티회의 끝에 많은 아이디어 스케치를 했다.

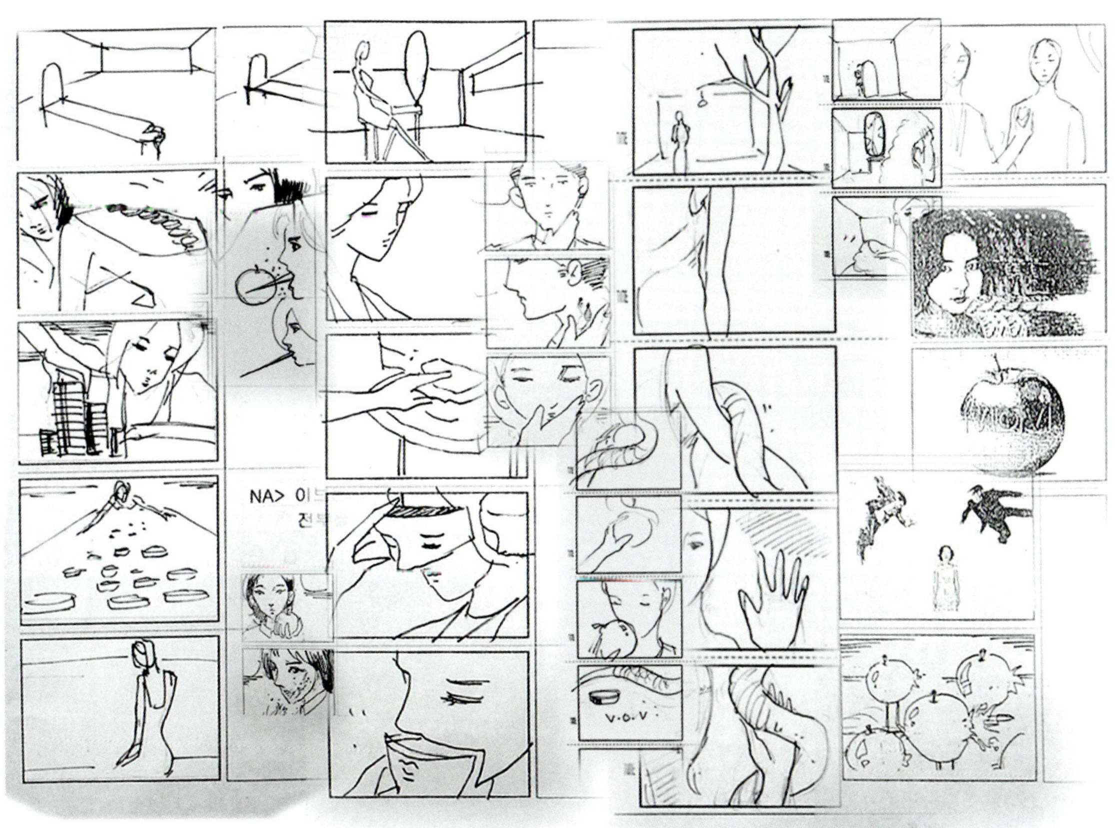

그 중 이브가 에덴에서 추방당한 계기가 된 사건을 다시 구성한 이야기로 최종 콘티를 결정했다(난 이것을 탈출이라고 생각한다. 그래서 지구의 역사가 시작될 수 있었으니까. 아마 이것도 조물주의 치밀한 계산일 수도). 이 콘티에서 여자는 자신의 세상을 만들기 위해 금단의 열매를 조금도 거리낌 없이 딴다. 타락한 천사(a fallen angel). 이것이 그녀에게서 찾고 싶은 이미지이다.

런칭에 이은 2차 편에서 이 '천사'는 금지된 사랑을 한다. 그 사랑 앞에서는 자신의 어떠한 것도 중요하지 않다. 그러한 그녀의 결정은 스스로도 너무 기쁘다. 타락한 천사, 하지만 사랑스럽다. 결정된 콘티가 추상적인 표현에 의한 메시지라 어려울 수 있었지만 나는 시청자들에게 친절하게 설명을 하고 싶지 않았다. 이 메시지를 받아들이는 사람의 생각에 따라 해석이 달라지길 원했다. 결정하는 것은 시청자의 몫이니까. 그리고 그들이 다시 들려주는 이야기가 듣고 싶었다. 나는 언제나 이렇게 쌍방향의 작업이 마음에 든다.

광고주와의 PPM(pre-production meeting, 제작 전 회의)이 진행되었다. 내 생각을 이해해주었다. 광고는 언제나 광고주가 만든다는 것이 평상시의 내 생각이다.

임은경의 데카당스한 이미지를 찾기 위해 하루 저녁을 꼬박 미용실에서 보냈다. 몇 가지 콘셉을 시도해보았다. 워낙 착해 보이는 얼굴이라 이미지 변신이 쉽지만은 않았다. 한두 가지 마음에 드는 이미지가 있었다.

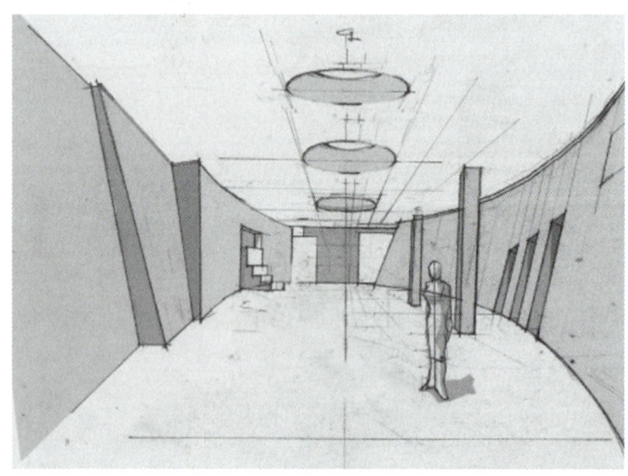

촬영장. 아침부터 분주하다. 스케치대로 세트가 준비되고 있었다.

문이 있지만 밖으로 통하지 않는다. 창문이 있지만 밖이 보이지 않는다. 계단이 있지만 올라갈 수 없게 막혀 있다. 모든 것이 풍부하지만 그 안에서만 머물러야 한다면 '에덴'의 모습은 이렇게 보일 수도 있을 것이다.

세트에서 다시 타락한 천사의 표정을 찾는 작업을 한다.

촬영이 순조롭게 진행되었다. 가장 큰 난관인 뱀의 촬영 순서가 되었다. 물론 후반 작업에서 CG(컴퓨터 그래픽)로 많은 부분을 처리할 것이지만 임은경의 팔을 감고 움직이는 뱀의 형태나 운동감을 보기 위해서 직접 촬영을 해야 했다. 뱀을 처음 만져본다는 임은경은 겁 없이 뱀을 이리저리 만지며 가지고 놀았다. 오히려 내가 근처에도 가지 못할 만큼 징그러웠다. 임은경은 작품에 대한 욕심이 많았다. 그녀는 고집스럽게 열심히 촬영에 임했다. 그러한 그녀의 성격이 뱀을 다루는 것쯤은 아무것도 아닌 일로 만든 것 같았다.
언제나 그렇지만 카메라로 그림을 그리는 일은 즐겁다. 촬영장의 분위기도 좋았다.

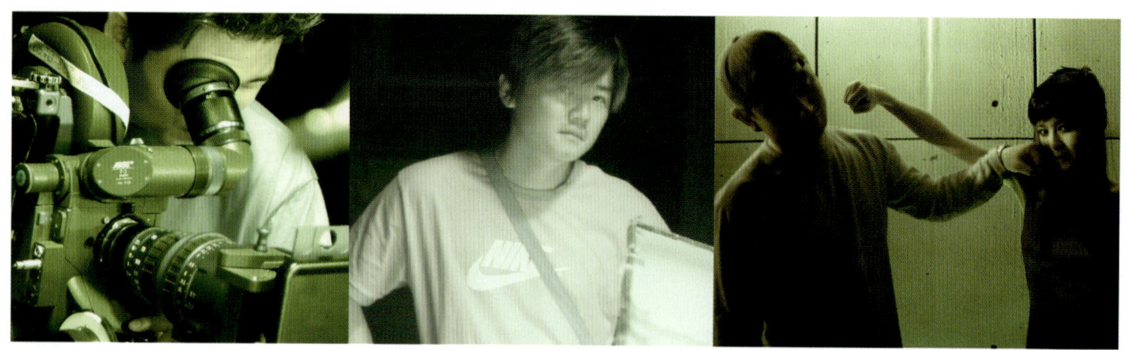

형보 NTC실. 에덴의 색을 찾아야 한다. 화려한 색을 요구하는 '색조 화장품'. 그러나 난 색을 절제하기로 했다. 세상과 만나지 못한 '이브'는 무채색이다. 그래서 무거운 공기의 느낌만이 느껴지는 저채도의 그린과 브라운을 선택했다. 금단의 열매로 형상화된 화장품 패키지도 차가운 금속성의 무채색이다. 그 안에 무슨 색을 담느냐는 물론 타깃들의 몫이다. 남겨두자. 빈 것이 좋다.
빅슨 포스트 프로덕션. 후반 편집 작업은 그다지 힘들지 않았다. 머릿속으로 그린 그림을 그대로 찍었기 때문에 그 순서대로 엮으면 된다. 그러나 2차 편은 조금 다른 기법을 쓰기로 했다. 리피트(repeat) 기법에 의해 약간은 주저하는 그녀의 모습을 그리고 싶었다. 사랑이라는 단어에도 단호한 모습이 싫었다.
CG의 분량이 많다. CG에 의한 그림을 별로 좋아하진 않지만, 실사로 불가능한 표현을 위해서는 어쩔 수가 없다. 금속질감의 금단의 열매를 먹는 장면은 '양갱'으로 찍어 3D CG에 의해 다시 질감을 입혔다. 그래서인지, 나 원 참, 맛있어 보인다는 사람도 있었다. 팔에서 움직이는 금속의 뱀은 실사로 찍힌 뱀의 모습을 관찰하여 애니메이션처럼 처리하였다. 클로즈업 샷으로 찍힌 뱀의 껍질은 실사 그대로도 훌륭한 질감이 표현되었다.

이번 CG 작업의 목표는 실사 같은 CG였다. 그러나 언제나처럼 아쉬움이 많이 남는 작업이었다.

할리우드매너 녹음실. 방용석 오디오 감독이 분주하다. 추천해주신 몇 가지 B.G.M 중에서 아주 몽롱한 느낌을 주는 것이 있었다. 그림과 맞춰보니 그 노래에 담긴 보이스가 더욱 가슴을 찌른다. 마음에 든다. 이 노랫소리는 화면 안에서 절대로 밖으로 나가지 못하는 음악이다. 컷에 따라서 약간씩 다른 공간의 울림을 가미했다.

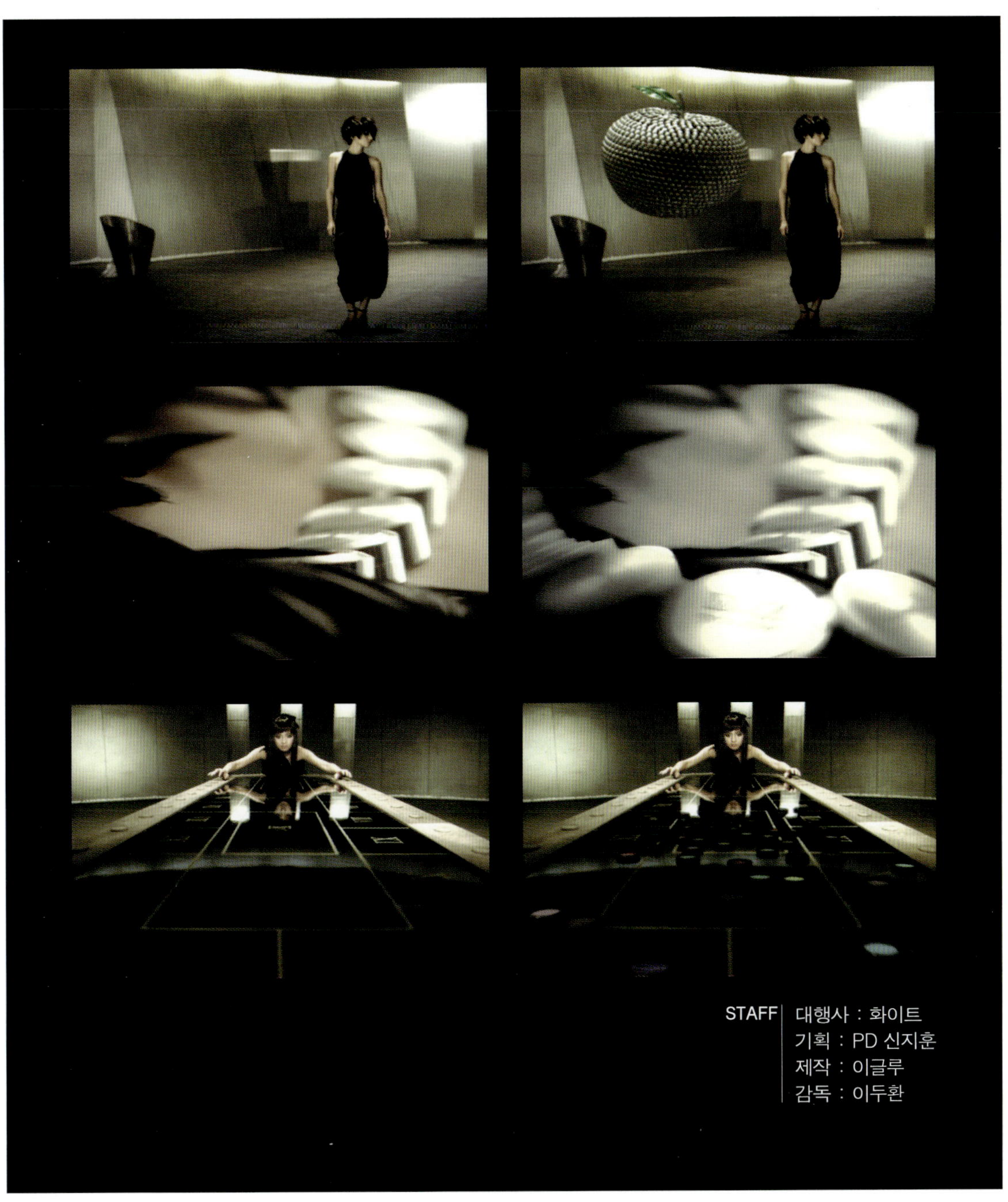

STAFF | 대행사 : 화이트
기획 : PD 신지훈
제작 : 이글루
감독 : 이두환

1차 편의 배경음악은 〈L' amour D' autrfois〉이고 2차 편의 배경음악은 〈Porti Shead B.G.M song : Wondering Ster〉란 곡이다. 성우도 필요 없었다. 임은경의 목소리가 내가 찾는 목소리였다. 녹음에 이어 시사가 끝난 뒤 On-Air가 되었다. 일정에 맞춰 숨가쁘게 달려왔지만 아쉬움이 많이 남는다. 작업에 참여한 스태프들과 소주 한잔 하기로 약속했지만 지금껏 그 약속을 못 지키고 있다.

언젠가 어느 식당에서 보브 광고가 방송되었다. 버릇처럼 광고보다는 그것을 보고 있는 사람들의 표정을 보았다. 그들의 눈빛과 잠시 침묵…… 그들에게 다가가 무엇을 느꼈느냐고 물어보고 싶었지만…… 그러기엔 부끄러움을 너무 많이 탄다.

감독 이두환

KTF 서프라이즈 핌(서태지 귀국 편) 2003. 2

Na : 세상을 놀라게 할 수 없다면 나타나지도 마라.
서프라이즈 핌

STAFF
대행사 : 웰컴
기획 : 이재훈
제작 : 매스메스에이지
감독 : 박명천

〈기획노트〉

귀국하는 서태지를 향해, 팬들은 〈세상을 놀라게 할 수 없다면 나타나지도 마라!〉라는 피켓을 들고 외친다.

새로운 것(서프라이즈 핌)에 대한 기대를 통해 놀랄 만한 것이 아니라면 고객에게 보여주지도, 들려주지도 않겠다는 강한 의지를 표현했다.

큐리텔(보아 편) 2004. 6

Na : 보아는 많다!
180분 후
보아는 하나다!

STAFF
대행사 : 대보기획
기획 : 장현덕
제작 : 아프리카
감독 : 차은택

〈기획노트〉

큐리텔 PG – K6000V Creative 전략안 2004. 5

• Objective

캠코더 폰 시장에서 기술적 경쟁 우위 확보

• Product USP(Unique Selling Proposition, 상품의 독특한 이점)

180분 동영상 촬영

인공지능 오토 플래시(Auto Flash)

끊김 없는 동영상 VOD(Video On Demand, 통신망을 통한 영상 서비스)

• AD Strategy

180분 촬영(국내 최장 180분 촬영이 핵심)

경쟁 제품과 비교평가 용이

• AD Concept

더 오래, 더 많이, 더 즐거운 180분 동영상 촬영

80분 싸이언

130분 애니콜

180분 큐리텔 6000V

• Target Audience

캠코더 폰의 새롭고 독특한 기능에 대한 수용도가 높아 남보다 먼저 즐기기를 원하는 20대 초반의 트렌드 리더

• Creative Guideline

1. 브랜드 콘셉인 'Smart Uniqueness' 반영→경쟁사 대비 차별적인 제품 USP를 선택, Creativc화

2. 특정 컬러 활용을 통해 Creative의 차별화 및 자산화

3. 밝고 경쾌한 Tone & Manner

4. 모델 : 보아

아모레 트윈엑스

① X 세대의 출현(이병헌 편) 1994

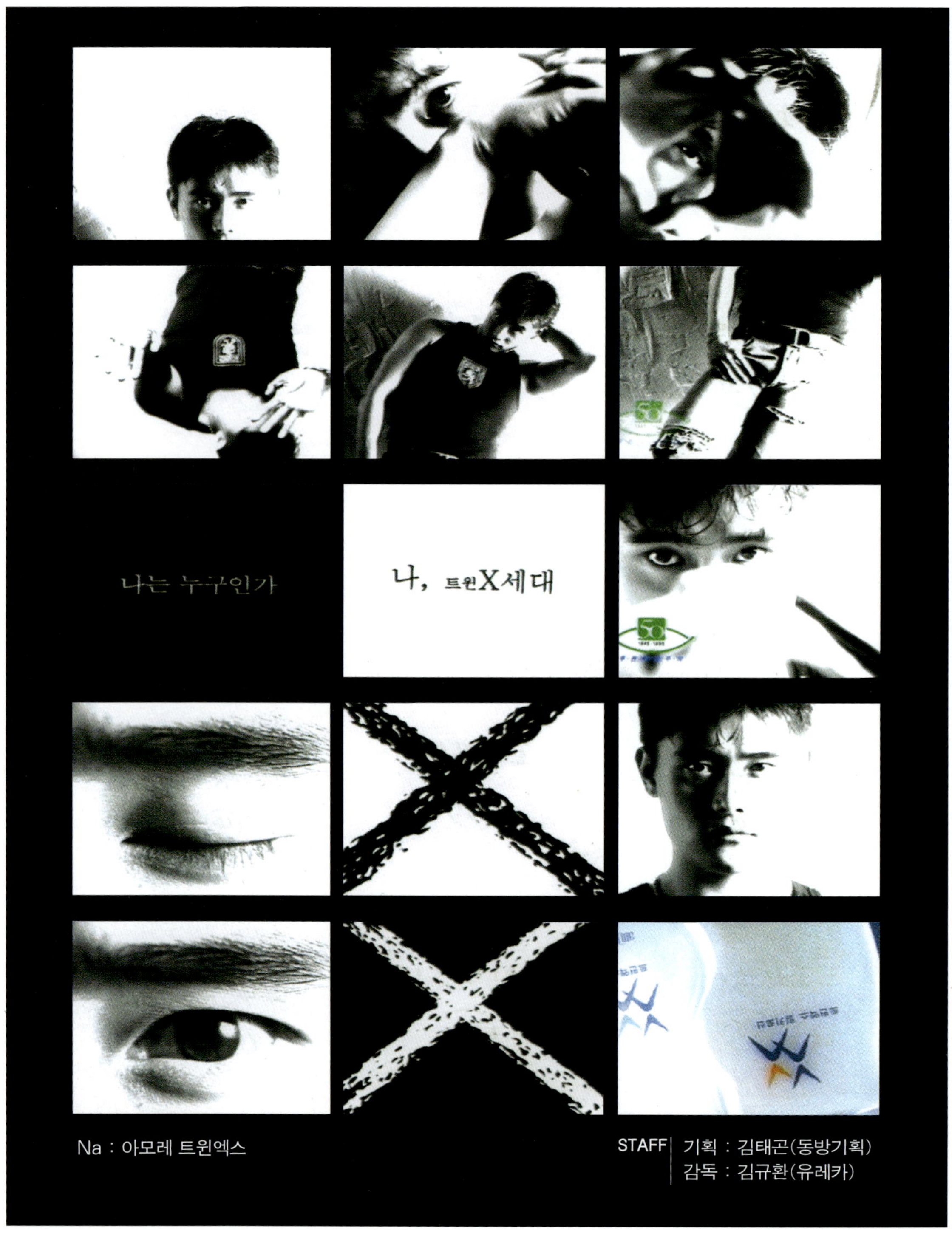

Na : 아모레 트윈엑스

STAFF | 기획 : 김태곤(동방기획)
감독 : 김규환(유레카)

② X 세대의 출현(이병헌 · 김원준 편) 1994

큐리텔 S2 '열지 마' (윤도현 편) 2003. 9

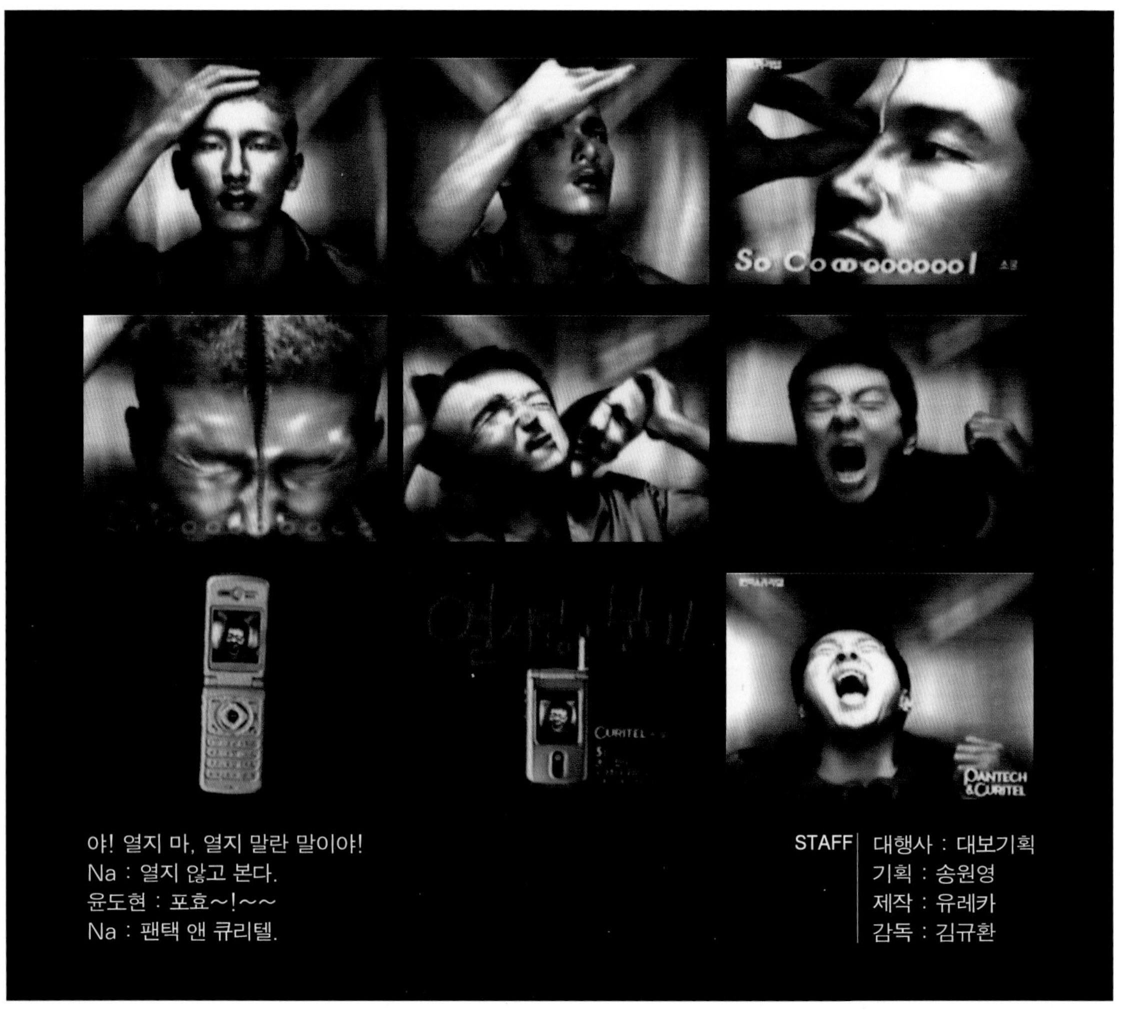

〈기획노트〉

모델의 얼굴에 지퍼를 달아 마치 영화 〈토탈리콜〉에서처럼 양쪽으로 갈라지며 윤도현의 얼굴이 등장하는 이 광고는 상당한 시각적 충격을 주고 있다. CF에서 지퍼 달린 얼굴은 모델의 얼굴을 3시간 동안 떠서 1주일간의 제작기간을 거쳐 완성된 인조 마스크였다. 하지만 사이버틱한 화면 속에 등장하는 얼굴은 실제와 전혀 구분이 가지 않아 소비자들에게는 더욱 시선을 끄는 비주얼이었다. 더욱 넓어진 컬러 외부 LCD창으로 편리하게 즐기는 휴대폰이라는 메시지를 던지기 위해 카피는 딱 한마디 "열지 마! 열지 말란 말이야!"를 사용했다.
휴대폰 광고들 사이에서 큐리텔의 비주얼 쇼크(visual shock) 광고를 소비자들은 어떻게 즐기고 있을까? 아무튼 새로운 광고를 즐기는 소비자들의 즐거움이 날로 커져가고 있는 듯하다.

NII(세정과 미래) 2003. 5

〈기획노트〉
2003 NII Brand
TV CF 행동하는 젊음 'Peace with NII' 캠페인
(NII : New York Ivyleague Institute)

• TV 광고 목적

1925 세대의 열정적인 행동이나 마음을 TV 광고의 테마로 표현함으로써 NII의 제1차 고객(일반 소비자) 및 2차 소비자(대리점주 및 기타 관계자)들에게 다시 한번 NII의 브랜드 역동성을 느끼게 한다.

• NII가 전달하고자 하는 1925 타깃

표면적 · 외면적으로 보이는 NII의 이미지는 점잖고 튀지 않는 젊은이. 그러나 그 내면에는 그 누구에게도 뒤지지 않는 뜨거운 감성을 지니고 있는 사람이다. 따라서 필요할 땐 언제든지 과감하게 젊음이라는 이름으로 열정을 분출함으로써 자기 자신을 과감히 표현한다. 그리고 여기에는 언제나 NII가 함께 한다.

• 크리에이티브의 가이드라인

Wear the honor : 비주얼이나 카피에서 열정을 느끼면 명예는 자연스럽게 전달될 수 있다. 소비자의 기억 속에 남을 수 있도록 비주얼 임팩트가 있어야 한다.

• TV 광고 캠페인 전개도

목적 : 브랜드 활력 강화
테마 : 참여, 행동하는 젊음 'Peace with NII'

• 활용매체

이미지 전달 : TV/케이블/극장/잡지
행사고지 : 신문/잡지/홈페이지

• 이벤트

on-line(홈페이지) : 릴레이/퀴즈/Say-free 이벤트
off-line : Love & Peace 이벤트

• CM안

행동하는 젊음 'Peace with NII' 편

도대체 그 어떤 설명이 필요한 것인가! 행동하는 젊음의 열정을 몸이 부서지는 아픔을 참으며, 짓밟히는 자존심도 참아가며, 목표를 향해 행동하는 젊음이야말로 바로 열정의 표출이다.

• TV 광고 안(案)에 대한 평가(타깃 평가)

〈좋은 점〉

우리 세대의 코드를 건드려주는 것 같다.

뜻있는 젊은이들의 명예를 다뤄 타깃의 느낌을 정확히 이야기해준 것 같다.

시의적절하다. 또한 요즈음 깨어 있고 생각 있는 젊은이들의 이미지와 맞는다.

흔히 떠올리는 '젊음'의 모습이 아닌 조금은 새롭고 좋은 이미지를 잘 표현한 것 같다.

즐겁게 시위하는 모습이 NII와 어울리면서 영상적 자극을 줄 수 있는 것 같아 좋다.

NII를 입는 소비자들에게 '젊음'이라는 자신감을 심어줄 것 같다.

우리나라도 월드컵이나 추모 때처럼 밝은 시위가 많아졌으니까 괜찮다고 생각한다.

행동하는 젊음이 명예와도 어울리는 것 같다.

젊은이의 명예는 멋지게 자기 의사를 표현하는 것이다.

자기의 주장이나 생각 등을 자신 있게 표출시키는 타깃의 스타일을 잘 반영한 것 같다.

무대를 우리나라로 바꿔서 하면 더 의미가 있지 않을까?

〈나쁜 점〉

데모 하면 왜 그런지 우리나라 사람들의 데모가 연상된다.

자칫 너무 무거운 분위기가 되지 않을까?

반전이라는 콘셉은 좀 무거운 느낌이 든다.

요즘 세대는 무거운 것을 좀 꺼리는 것 같다.

가장 미국적인 브랜드의 반미적인 광고 같다.

세정과 미래 광고기획팀(김유진 팀장, 송은아 계장)

JOFF 2003. 11

Na : 워너 펀 조프!

STAFF | 대행사 : 제일기획
기획 : 조연
제작 : 우라늄
감독 : 이승주

〈기획노트 〉

'재미를 원하시나요(Wanna Fun)?'

재미있는 옷 JOFF의 FUN한 광고 이야기

개천절 휴일이던 10월 초, 캐주얼 감성 의류 브랜드 JOFF의 신규 CF 촬영이 한창 진행중인 인천의 어느 공장. 밖에서 보면 여느 공장과 다를 바 없지만 내부에서는 누구도 예상치 못한 진풍경이 벌어지고 있었다.

벽과 바닥이 온통 현란한 그래피티(graffiti)들로 가득 찬 공장 내부에서 한 무리의 젊은이들이 신나는 음악에 맞춰 색색의 스프레이들로 낙서를 한다. 그들은 한참 동안 낙서에 골몰하다가 신나게 춤을 추기도 하고, 공장 내부를 소리를 지르며 뛰어다니기도 한다. 감성 캐주얼 JOFF의 기본 콘셉인 'FUN'을 음악에 맞춰 자유롭게 춤을 추고 규정된 틀에서 일탈해 낙서를 즐기는 것으로 표현한 것.

이처럼 이번 JOFF의 'Wanna Fun?' 편은 춤과 낙서를 통해 시체놀이를 즐기고, 시내 한복판에서 매트릭스 놀이를 즐기기도 하는 2003년 한국의 젊은이들의 코드를 잘 표현한 광고다.

촬영장 풍경 또한 광고의 콘셉만큼 재미있었다. 그간 방송에서 점잖으면서도 때론 느끼한 모습을 보였던 성시경은 이번 광고에서 유쾌한 장난꾸러기의 면모를 보여 기존의 이미지와는 전혀 다른 매력을 보였다. 또 다른 모델인 김현주 역시 특유의 해맑은 미소로 촬영장의 모든 스태프들에게 즐거운 분위기를 선사했다.

이번 광고에서 두 메인 모델만큼이나 중요한 역할을 한 댄싱 팀 고릴라. 그들의 춤은 광고를 더욱 신나고 재미있게 보이는 데 일등공신 역할을 했을 뿐만 아니라 촬영장의 분위기를 한층 즐겁게 고조시키는 데에도 혁혁한 공을 세웠다. 촬영장의 모든 스태프들은 지칠 줄 모르는 에너지와 신기에 가까운 동작에 입을 다물지 못했다고.

한편 이날 성시경과 김현주를 비롯한 출연진은 피곤해하거나 지치기는커녕 오히려 촬영이 진행될수록 점점 더 즐겁고 신나게 촬영에 임했다. 색색의 스프레이가 수십 박스나 사용됐지만, 촬영 도중은 물론 촬영이 끝난 이후에도 모델들은 손에서 스프레이를 놓지 않고 서로에게 장난을 치며 친밀한 모습을 보여, 촬영장은 마치 실제 젊은이들의 즐거운 놀이터에 온 듯한 분위기였다.

(주) F & K의 서영석 차장은 올 Fall & Winter 시즌은 보헤미안적이면서도 빈티지한 패션 트렌드가 주도할 것이라며, 이번 광고가 2003년 한국의 젊은이들의 감성을 잘 보여주면서 가을, 겨울 캐주얼 의류시장에 JOFF의 돌풍이 불 것이라고 장담. 모델과 스태프들을 모두 즐겁게 만든 재미있는 옷, JOFF의 즐거운 광고가 소비자들을 얼마나 즐겁게 만들 수 있을지 자못 기대된다.

제일기획(광고 15팀)

JOFF의 브랜드 데뷔 2003

• Key

그들만의 코드, 그들의 눈높이

Impact

Interactive

의미가 아닌 느낌

• JOFF의 크리에이티브

스스로의 가치를 만들고 즐기고 나누는 그들

의미 → 재미

심각 → 놀이

단일 → 다양

복잡 → 단순

• Why fun

1980년 출생 세대들의 관심사

캐주얼이 주는 궁극적 가치

2003년 한국 사회의 트렌드

• JOFF is FUN

JOFF는 즐거운 옷이다.

JOFF는 재밌다.

JOFF는 바로 내 친구다. 나다.

• JOFF의 변화 방향

Traditional → Contemporary

Basic, Simple → Emotional, Sensitive

• JOFF is

Fast Fashion 브랜드

Flexible Fashion 브랜드

〈JOFF의 시안들〉

낙서(graffiti) 편
Free style 편
JOFF
want a Fun?
스시하우스 편
무궁화꽃이 피었습니다 편
JOFF
want a Fun?

TTL(푸른 주단 편)

STAFF | 제작 : 유레카
감독 : 김규환

TTL(개구리 편)

TTL(토마토 편)

〈기획노트〉

TTL의 주 소구층인 1823 세대를 겨냥하였다. 어른도 아이도 아닌 1823 세대는 과일도 야채도 아닌 토마토와 닮았다. 이것도 저것도 아닌 경계에 끼인 1823 세대는 정체성의 혼란을 겪고 있다. 이러한 그들의 심리를 표현하듯 모델 임은경을 향한 터지는 토마토들. 그들에게 카타르시스를 주는 걸까? TTL은 정답이 없는 것이 매력이라 하는데…….

〈제작노트〉

채소도 아니고 과일도 아니라는 점에서 스무 살의 과도기를 보여주는 상징적인 토마토가 사정없이 벽에 부딪치며 으깨어진다. 그러다가 느닷없이 뱉어내는 말 "Made in Twenty."

TTL CF는 광고 초기부터 "Made in 20"라는 상징적 구절을 띄워 신세대의 감각에 맞는 기호화를 구축해나가고 있다.

"Made in 20"는 말 그대로 스무 살이 만드는 것, 스무 살을 위한 것이다. 그래서 첫 번째로 등장한 것이 임은경을 모델로 한 '토마토' 편이었고, '배두나를 닮은 남자' 이우열을 모델로 한 '개구리' 편이 이어졌다. 그후 '오토바이' 편으로 매 편 모델을 바꾸는 등 파격적인 광고로 기성 세대는 상상하기 힘든 그들만의 라이프스타일로 '스무 살의 모습'을 보여주었다.

'토마토' 편을 찍는 그날은 참으로 긴박한 하루였다. 주어진 촬영 시간이 그리 길지도 않았고, 과일도 야채도 아닌 토마토가 생산되는 시기도 아니었기 때문이다. 그러나 우리의 긴박함을 알았는지 농수산물 시장에서 다량으로 구입할 수 있었고 단단해서 깨질 것 같지 않았던 토마토도 스태프들이 하나씩 주물러놓아 완벽하게 준비되었다.

평소와는 다른 헤어 메이크업과 의상으로 등장한 임은경은 촬영장을 감싸고 있는 강한 음악에 몸을 맞추어 리듬을 타고 있었다. 그러나 자신에게 날아올 토마토를 보며 조금은 겁을 먹은 듯 굳어졌다가 감독의 작품 의도를 듣고 스무 살의 심리를 잘 표현한 콘티 내용에 공감이 간다는 듯 이내 다시 활기를 되찾았다.

감독님이 촬영에 앞서 가장 신경을 쓴 부분이 바로 자연스러움이다. 임은경이 토마토를 의식해서도 안 되며 두려워해서도 안 되는 것이다. 유럽의 토마토 축제에서 볼 수 있는 것처럼 모델은 시종일관 즐거워하면서 즐겨야 하는 것이다.

이런 의도를 아는 모델 임은경은 촬영 내내 몸을 아끼지 않으면서 토마토를 마치 자신의 장난감을 가지고 노는 듯 즐기면서 촬영을 하였다. 신나게 토마토를 맞으며 마치 스무 살의 진실 게임을 하듯 토마토를 맞는 임은경을 향해 주위 사람들이 궁금해하는 것을 묻고 답하면서 진행된 촬영은 그 또래라면 누구나 한번쯤 관심을 가져봤을 주제인 이성 친구, 공부, 애완견, 음악, 그리고 모델 생활에 대한 그녀의 진솔한 이야기들과 함께 어우러졌다. 길다면 길고 짧다면 짧은 촬영 시간을 끝내고 임은경은 앵글 안에 담긴 자신의 모습에 만족해하면서 웃음을 지었다.

PYX 라인 PD 이현정

TTL 스무 살 콘서트 2002. 8

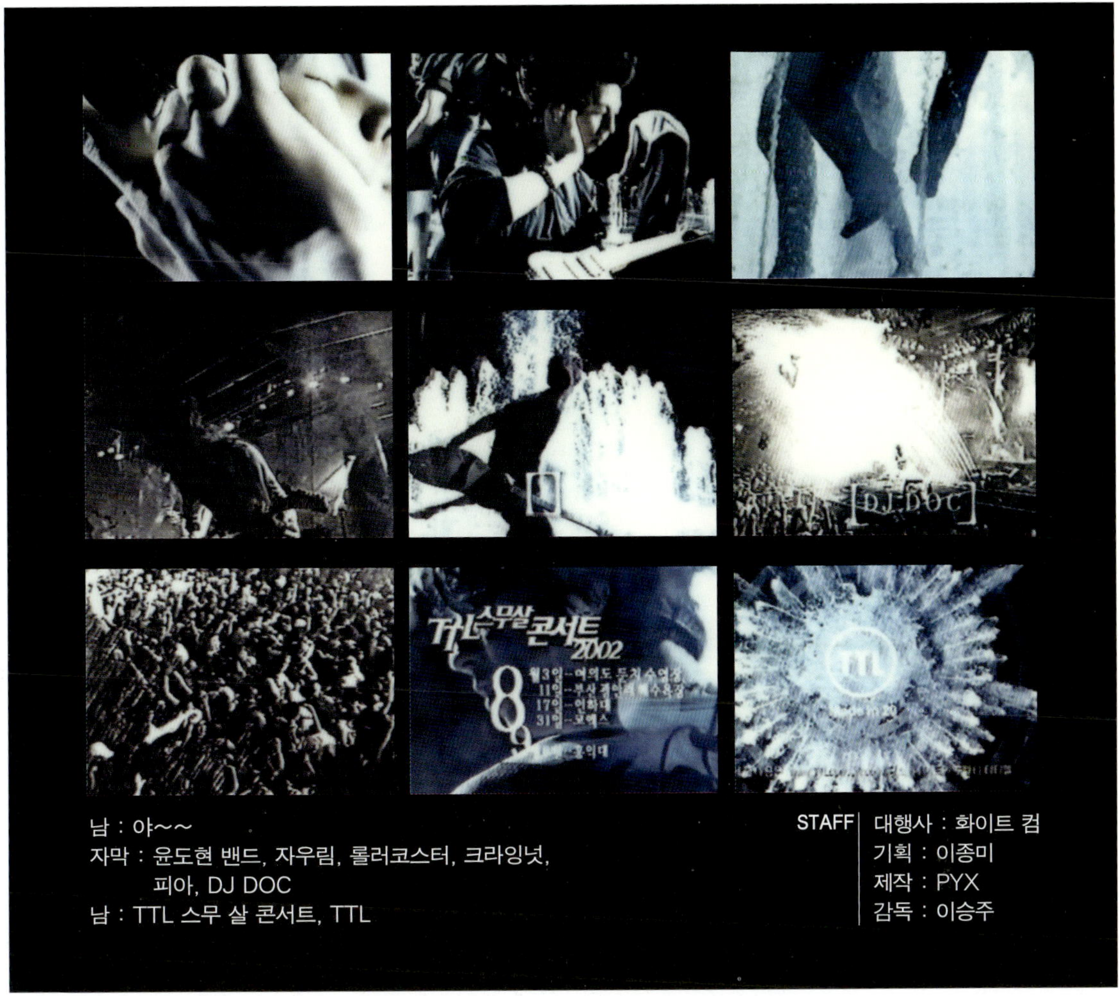

남 : 야~~
자막 : 윤도현 밴드, 자우림, 롤러코스터, 크라잉넛, 피아, DJ DOC
남 : TTL 스무 살 콘서트, TTL

STAFF | 대행사 : 화이트 컴
기획 : 이종미
제작 : PYX
감독 : 이승주

〈제작노트〉

콘서트를 즐기는 아이들의 모습을 콘서트장이 아닌, 분수 속에 뛰어들며 무아지경으로 즐기는 모습으로 담아내려 했다.

이것은 아주 극단적으로 표현되어야 하며, 록을 좋아하는 사람들이라면 한번쯤 충동적으로 느껴보았을 소재라고 생각해 콘트라스트가 강한 실루엣으로 처리했다.

B.G.M 역시 TTL 콘서트의 멤버인 그룹 피아(PIA)가 작업해주었고, 멘트 역시 그들의 보컬이 담당해주어 전체적인 이미지가 잘 연결되었다고 본다. 이 광고는 고지성 광고다. 감독으로서 비주얼 임팩트와 오디오적 임팩트를 살리려 노력했으며 편집에 무엇보다 공을 들였다.

우라늄 프로덕션 감독 이승주

삼성 애니콜

① Rap Battle 1(Battle girl) 2003. 8

여 1 : 끼라면 눌리지 않는다. 난 절대로 지지 않아.
아무도 날 꺾을 순 없어.
여 2 : 난 절대로 누구에게도 밀리지 않아.
당당한 내 모습을 모두들 부러워하지.
여 1, 2 : 언제나 이길 수 있어. 나는 자신 있어.
자막 : 소리에 미쳤다.
여 1, 2 : 디지털 익사이팅 애니콜

STAFF
대행사 : 제일기획
제작 : 우라늄
감독 : 김상태

② Rap Battle 2(Battle girl) 2003. 10

자막 : 소리에 미쳤다.
Na : 디지털 익사이팅 애니콜

③ Dance Battle(B-boy) 2003. 7

Na : 소리에 미쳤다! 디지털 익사이팅 애니콜

〈기획노트〉

영 제너레이션 선두주자 세븐과 세계대회를 석권한 국가대표 춤꾼 김덕현이 등장하는 삼성 애니콜 '스테레오 카메라 폰' 광고에서는 의기양양하게 등장한 두 사람이 강렬한 비트의 음악에 맞춰 댄스 배틀을 벌인다. 고급 기술을 구사할 때마다 뜨겁게 출렁이는 관객석과 무대. 박정아와 최수영이 등장하는 또 다른 비전은? 휴대폰을 오디오 삼아 펼치는 두 댄싱 퀸의 배틀은 으슥한 골목길에서 벌어진 두 암고양이의 싸움처럼 관능적이다.

Dance Battle, Rap Battle, B-boy는 힙합에서 유래한 놀이문화다. 길거리에서 양 팀의 선수들이 번갈아 기량을 선보이고 관중의 반응으로 승패를 가른다. 18-24세를 타깃으로 이들이 가장 트렌디하게 느낄 만한 소재를 찾았다. 영화 등을 통해 이들 세대에게는 이미 온갖 '배틀'이 건전한 문화로 자리잡고 있어 쉽게 받아들여지고 호응도도 높다.

젊음의 브레인을 관통하고 있는 키워드 배틀, 말 그대로 전투다. 한때 테크노와 레이브(rave) 파티의 유행으로 디제이가 주목받더니 이번엔 배틀이라니…… 여기서 굳이 힙합이 가지고 있는 저항정신이며 자유사상 따위를 언급하고 싶지는 않다. 그 유쾌한 도전정신에 주목하고 싶을 뿐. 배틀이야말로 어떤 드라마보다 극적이고 어떤 스포츠보다 치열한, 존경과 시기가 한데 뒤섞인 질펀한 축제의 장이 아닌가. 이제는 주저하지 말고 '맞장'을 뜨자. 뭐가 걱정이란 말인가. 당당하게 이기거나 즐겁게 지거나 하면 되는 것을…… 동작 하나로 상대를 제압해야 하는 절묘한 대결에 B-boy도 신세대 문화의 한 축으로 인정받고 있다. 에너지 넘치는 춤이 젊음과 잘 어울리기 때문이다. 이들의 춤은 체조, 서커스, 무술, 카포에라(브라질 무예), 탑록, 로킹, 팝핀(로봇 춤) 등 모든 것이 집합처럼 결산되어 있는 하나의 큰 공식이다.

프로스펙스

① 움직여 편

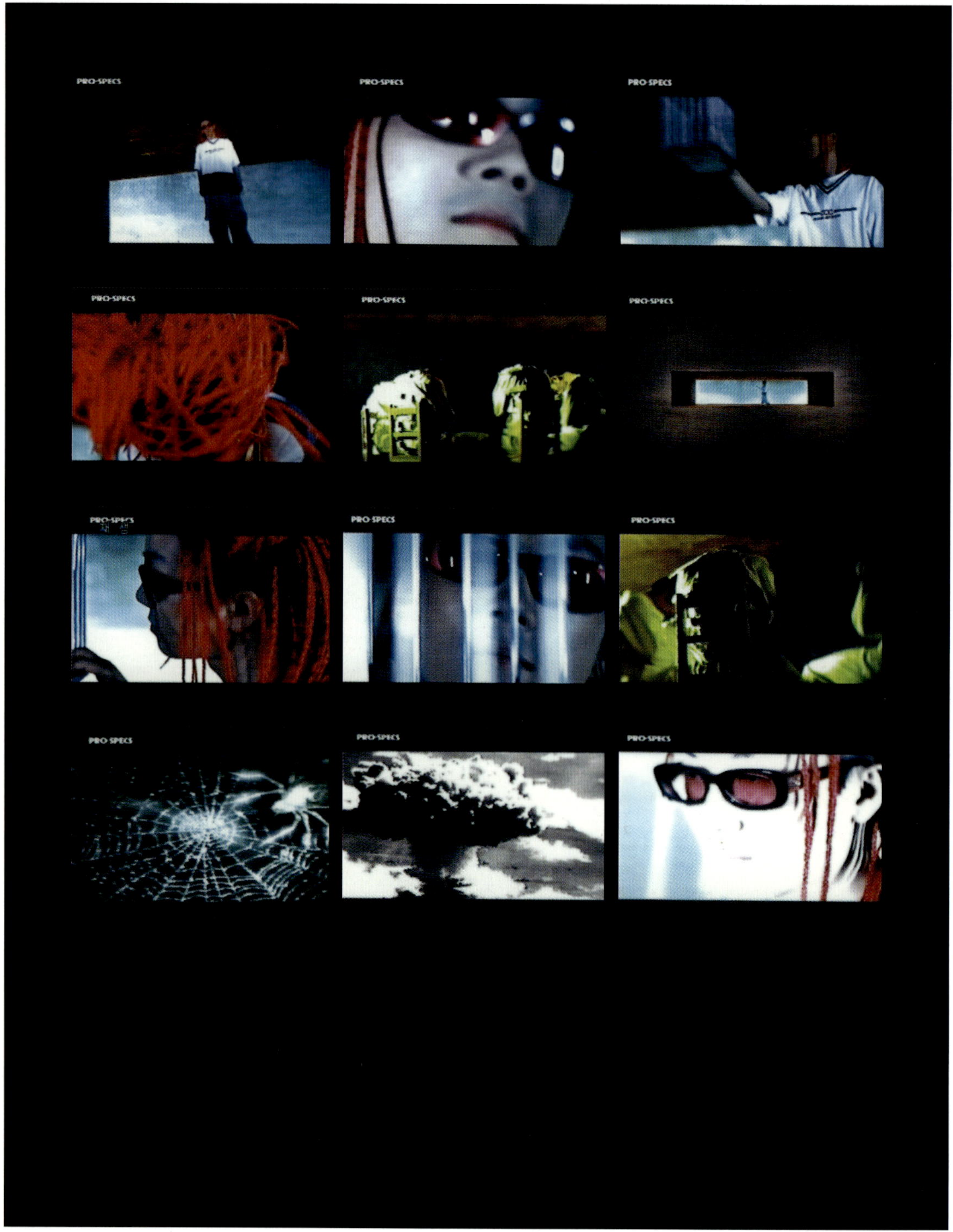
PRO-SPECS
PRO-SPECS
PRO-SPECS
PRO-SPECS
PRO-SPECS
PRO-SPECS
PRO-SPECS
PRO-SPECS
PRO-SPECS
PRO-SPECS
PRO-SPECS
PRO-SPECS

PRO-SPECS
살아있다면 움직여
OOC
out of class
우씨
www.pro-specs.com
Na : 살아 있다면 움직여!
우~씨(OOC)!

② 태워버려! 편

〈기획노트〉

(주) 국제상사의 프로스펙스는 세계 유수 스포츠 브랜드들과 당당히 맞서 경쟁하고 있는 순수 국내 스포츠 토탈 브랜드다. 지난 1981년 탄생한 프로스펙스가 전 세계인의 관심을 끌고 있는 월드컵, 올림픽 스타들을 활용한 나이키, 아디다스 등 글로벌 브랜드들의 집중적인 공세 속에서도 토종 브랜드로서의 자존심을 지켜오고 있는 비결은 오직 세계적인 수준의 신발 제조 기술력에 있다. 공격적인 마케팅 활동도 활발히 벌여 국민적 자긍심을 상소하는 광고 캠페인을 대대적으로 전개하고 2000년 가수 서태지를 모델로 한 스포츠 캐주얼라인 '우씨'를 새롭게 런칭하면서 신세대 고객들을 사로잡았다.

팬택 & 큐리텔 3D 사운드

〈제작노트〉

경기도의 S 세트장에서 상상 속에만 존재했던 3D 입체 공간이 연출되었다. 마치 거대한 조형 작품을 마주하는 듯한 느낌, 3차원 공간의 느낌을 살리기 위해 전체적으로 블랙 컬러를 사용했으며, 세트 중앙에는 3D 입체 음향의 실감나는 파장을 표현해줄 고급스러운 풀장이 놓여 있었다. 촬영에 들어가자 윤도현은 3D 입체 음향을 온몸으로 느끼는 전사로 태어났다. 무대 중앙에서 조명을 받으며, 상상을 초월하는 입체 음향의 감동을 극히 절제된 내면 연기를 통해 표현해내는 작업은 지금까지와는 전혀 다른 시도였기에 쉬운 작업이 아니었다. 장장 12시간의 강행군, 그럼에도 불구하고 윤도현은 흘러내리는 땀을 닦으며 계속해서 모니터링을 하는 성의를 보여줬다.

이번 광고가 전달하고자 한 것은 지금까지와는 전혀 다른 3D 입체음향의 생생함이었다. 3D 사운드란 소리의 주파수에 따라 사람의 귓바퀴에 들어오는 시간 차이를 분석, 사람의 귀가 시간 차이에 의해 소리의 위치를 인식한다는 점에 착안하여 개발한 기술이다. 기존의 제품이 한 개의 스피커로 평면적인 소리를 들려줬다면 3D 사운드를 구현할 수 있는 '큐리텔 3D sound 폰'에는 두 개의 스피커가 장착되어 있어 3차원 입체 음향을 느낄 수 있도록 도와준다. 결국 CF의 "듣지 말고 느껴라"라는 카피를 통해 소비자가 지금껏 경험할 수 없었던 360도 새로운 입체 음향의 세계를 표현한 것이다.

대보기획팀

팬택 & 큐리텔 콘서트 2003. 1

여 : 나에겐 또 다른 카메라가 있다.
남 : 국내 최초 내장형 33만 화소.
큐리텔 카메라와 경쟁한다. 서프라이징 유
윤도현 : 팬택 앤 큐리텔

STAFF | 대행사 : 대보기획
기획 : 송원영
제작 : J프로덕션
감독 : 김종필

〈제작노트〉

이날 500여 명의 엑스트라들은 촬영 내내 모두 윤도현 밴드의 열렬한 팬들로 돌변했다. 사실 스태프들끼리는 500여 명의 인원으로 열광적인 콘서트 장면 촬영이 '가능할까?'를 염려했었다. 하지만 콘서트홀에 흘러나오는 윤도현 밴드의 노래만으로도 이미 그들은 CF 촬영이라는 상황을 잊어버린 듯했고, 큐 사인이 없어도 함성과 열기는 그 어떤 콘서트장 못지않았다. 그것도 장장 5시간 동안!!! 덕분에 우리는 실제 윤도현 밴드의 콘서트장에서 촬영하듯 막힘없는 장면들을 찍어낼 수 있었다. 이날 500명이나 되는 엑스트라들을 하나로 움직인 건 감독의 큐 사인도 아니고 그날 받아야 할 일당도 아닌, 윤도현의 몸짓 하나 표정 하나였다. '역시 윤도현!'을 느낄 수 있었던 밤. 덕분에 서프라이징급의 콘서트 장면은 무사히 OK!

LG 싸이언 IMT-2000 2003. 4

Na : 룩스 굿 싸이언!(Looks Good Cyon!)

STAFF | 대행사 : LG애드
제작 : 브랜드위원회
감독 : 박찬도

〈기획노트〉

LG 싸이언의 '캠코더형 휴대폰 편' 은 SF 영화 같은 미래적 분위기로 신세대를 겨냥했다. 세련되게 가라앉은 진회색 화면에 꽃미남 스타 장동건과 CF 스타 신애의 '달리는 사랑' 이 펼쳐진다. 좁고 어두운 통로를 맹렬히 달려가는 장동건, 다름 아닌 신애를 쫓아가는 길이다. 그러나 신애는 점차 멀어지고 장동건은 결국 주저앉고 만다. 이때 장동건은 재빨리 휴대폰을 꺼내 자신을 녹화하고 신애는 이를 눈치챈 듯 뒤를 돌아보며 광고가 끝난다.

첨단 동영상 서비스로 자신의 모습을 연인에게 전달한다는 내용을 감각적 영상에 힘을 실어 표현한 것이다. 빅 모델이 출연할 때 자칫 제품이 가려지는데 이 작품에선 모델의 매력도 살리고 제품의 특징도 살려 조화를 이루었다. 상품의 용도, 기능보다 광고가 주는 환상의 작용을 통해 신세대의 SF적 삶의 방식을 반영하기도 한다.

〈스토리보드 / 촬영 콘티〉

02_패션형fashion

에스콰이어
제임스 딘 팜므 파탈
키드에이 프로젝트(두산타워)
리차드 월드
CJ mall.com

에스콰이어 2002. 2

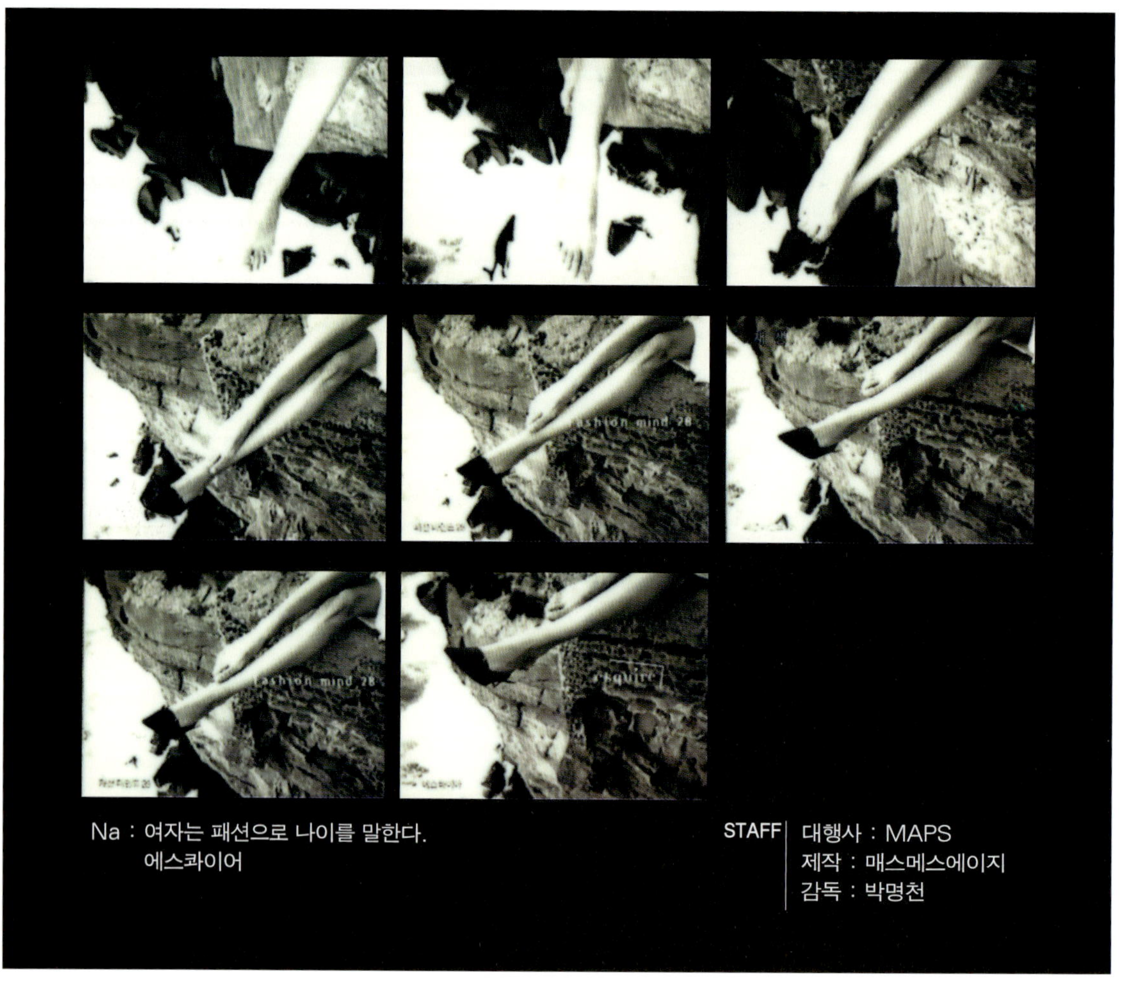

〈기획노트〉

절벽 위, 아슬아슬하게 뻗은 미끈한 다리를 비주얼로 하는 이 광고는 지적 아름다움을 지닌 나이로 20대 후반을 끄집어낸다. "여자는 패션으로 나이를 말한다"는 카피 뒤에 떠오르는 자막은 Fashion mind 28.

패션을 알고, 즐기고, 자신의 것으로 만드는 데 스물은 너무 젊고, 서른은 너무 늙다. 자신에게 신겨진 구두를 발끝으로 툭 쳐 바다로 떨어뜨려버리는 모습은 생물학적 연령으로 제한하는 패션의 굴레를 벗겠다는 의지, 이제까지 가졌던 패션에 대한 상식을 버리겠다는 의지를 표현한다. 그리고 이러한 의지는 곧 "스무 살이 갖지 못한 지혜, 서른 살, 마흔 살이 갖지 못한 패기"라는 맥락으로 28세의 패션 마인드를 이상화한다.

제임스 딘 팜므 파탈 - 좋은 사람들 2002. 6

〈기획노트〉

제임스 딘 란제리 팜므 파탈(Femme Fatale)

Brand Personality를 찾아서

- 매력(魅力)보다는 마력(魔力)!

  진정한 마력을 가진 여자는 남자를 포함한 모든 사물을 자기 마음대로 끌어당기는 힘을 가지고 있다.

- 크리에이티브 슬로건 및 키워드

  팜므 파탈 제임스 딘 란제리는 치명적인 아름다움, 가슴에서 시작된다!

- 단순한 페미니스트가 아니다.

  능력과 스스로 이룬 지위를 기반으로 자신의 세계를 구축하고 삶의 풍요로움을 즐기며, 자신있게 살아가는 열정이 있는 성공한 여성상. 성 대결적 구도 초월. 여유와 개성(나름대로 자

신의 세계 구축), 부드러움과 당당함의 공존

• 그 여자의 내면(Success woman의 Inside)
성공 : 사회적 지위 능력
교양 : 지식, 독립된 자아, 일, 열정, 리더십

• 꿈을 쟁취하는 여자
20대 중반-30대 초반 캐리어 우먼의 키워드

• Core target
20대 중후반의 캐리어 우먼 : 제임스 딘 란제리의 핵심 이미지 타깃,
와코루, 트라이엄프 선호 구매층

• Sub target
젊음, 자신감, 성공에 대한 동경과 꿈 내재
핵심 타깃의 이미지 창출시 흡수 가능성 높은 계층

• 20대 중 · 후반 : 미혼, 사회 초년기
고학력자
삶의 질 중시
내 삶은 내 나름대로의 가치
취미생활
가치가 있으면 큰 액수도 감수
결혼 안 할 수도 있다

• 20대 후반, 30대 초반
기혼, 사회 중년기
성공과 돈
해외여행은 사치가 아니다
휴가는 반드시 간다
내 아이는 최고로 키운다
평생직장은 더 이상 없다

필요하다면 이혼도 할 수 있다

• 체킹포인트(How)

기존 제임스 딘 : 남성적 이미지, 현 프리미엄 란제리 경쟁 구도와 일반 란제리 경쟁 구도에서 → 제임스 딘 란제리 : 프리미엄 란제리(Image & differentiation), 인지 확산, 와코루, 트라이엄프 고가 경쟁 브랜드와 어떻게 차별화하고 어떻게 돈의 가치를 높여서 선호도를 확보할 것인가?

금강기획 PD 이재진

〈제작노트〉

팜므 파탈(Femme Fatale)은 불어로 직역하면 "치명적인 여인"이고, 의역하면 "운명마저 감당할 수 없는 치명적인 여인이다. 남자의 모든 것을 사로잡아버리는 여인, 치명적인 매력으로 남성을 유혹하는 여인"이라는 의미도 있다.

일단 팜므 파탈에 대한 콘셉은 관능미와 함께 도발적인, 그리고 신비스러운 여인으로 설정한다. 비단 여성의 아름다움 자체에서 오는 섹시함뿐만 아니라 프로 의식으로 자신의 영역에서 최고가 되고자 하는 현대 여성들의 자신감 넘치는 모습에서 오는 섹시함을 의미한다. 섹시와 함께 지적 미를 함께하는 캐릭터…….

팜므 파탈의 컬러를 살려내기 위해 헤어 스타일리스트, 특수 분장사, 스타일리스트, 아트디렉터, 세트 디자이너, 조명 감독, 특수효과 감독, 카메라 감독 등이 총동원되어 사전 리허설에 하루가 꼬박 걸렸다. 또한 구불구불 발목까지 물결치는 긴 머리카락, 붉은 입술, 창백한 피부, 도발적인 눈매, 매끄러운 목덜미, 부푼 가슴 등 세밀하게 체크하는 데 또 하루가 걸렸다.

남자의 목을 휘감을 듯한, 남자의 탐욕스런 뺨을 후려칠 듯한 모델의 긴 머리카락은 강력한 에너지로 물결치고 휘날리며 화면을 압도한다.

모델이 자꾸만 예쁜 모습만 보이려고 하자 NG가 수십 번 났다. 감독의 신경질적인 컷 사인! 컷! 컷! 다시!!!

수십 번의 반복되는 큐에 지쳐 쓰러질 것 같으면서도 잔뜩 독기가 오른 모델에게 조용히 다가가 귀엣말로 "남자를 잡아먹어버릴 듯한 도전적인 표정과 이지적인 아름다움을 보여달라"고 주문했다. 눈물이 그렁그렁한 채 진한 에스프레소를 마신 다음 모델은 팜므 파탈을 창출해냈다. 촬영 3일째 자정을 넘어 끝낼 수 있었다. 단 15초짜리를 꾸미기 위해서…….

감독 신광철

키드에이 프로젝트(두산타워) 2001. 4

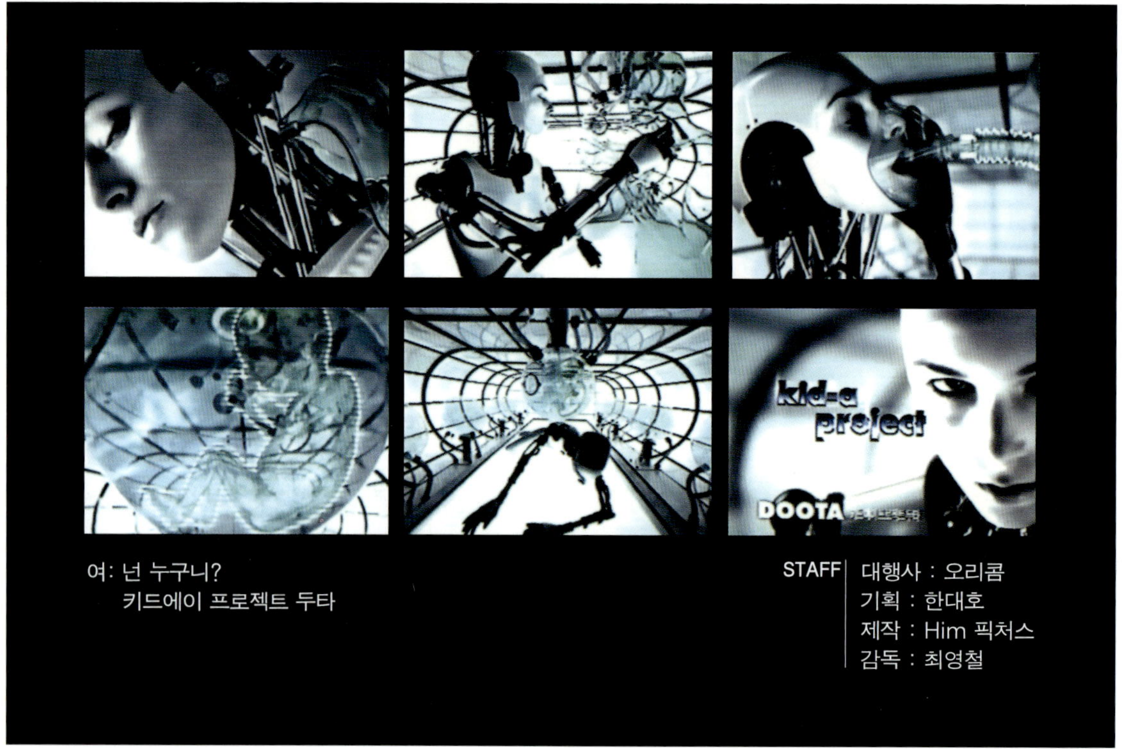

여: 넌 누구니?
키드에이 프로젝트 두타

STAFF 대행사 : 오리콤
기획 : 한대호
제작 : Him 픽처스
감독 : 최영철

〈제작노트〉

KID-A라는 말을 찾는 데 많은 시간을 투자했다. 록그룹으로 잘 알려진 레이디오헤드(radio-head)의 2001년 신보 타이들에 KID-A라는 제목이 있었다. 유전자 복제술로 '돌리' 라는 양이 태어나고, 얼마 후 새로운 유전자 아기에 대한 연구가 활발했던 시점이어서 외국회사 어딘가에서 연구중이던 과제라고 한다. 그래서 연구과제를 의미하는 PROJECT라는 말을 붙여서 KID-A PROJECT라는 슬로건이 탄생하게 되었다.

처음 주어진 미션은 새로운 시대에 대한 이해와 두타가 추구하는 새로운 탄생의 의미를 광고하고 기업의 이미지를 더욱 세련되고 신선하게 하자는 것이었다. 물론 대행사측의 요구조건과 의도는 일단 '튀는' 것이었지만.

원 콘티는 지금 찾을 수 없다. 하지만 콘티의 내용은 결과물과 조금 다르다. 투명인간과 인조인간 사이에서 새로운 인류가 탄생하는 SF적인 상상력을 담았다. 조금은 도발적이고 섹스 어필한 내용이 사전심의에서 문제가 되기도 하여 많은 시행착오 끝에 이 작품을 만들게 됐다.

작업과정중 우리나라에서는 처음 시도된 여러 가지 SF적인 기법을 많이 이용했다. 모션 콘트롤 작업을 위해서 투명인간 역할의 실제 모델에 블루 컬러 의상(크로마키 의상)으로 모든 연기를 테스트하고 상대적인 로봇 역시 같은 방법으로 촬영을 진행했다. 그 당시 외국 패션 브랜드 프라다의 모델로 활동중인 프랑스 패션 모델을 캐스팅하고 로봇인간의 차가운 표정을 연출했다. 그리고 로봇 움직임의 디테일을 위해서 2개월에 걸친 후반작업 기간이 필요했고, 로봇을 디자인하고 실사로 제작하는 데 1개월의 기간이 필요했다. 그야말로 한국의 장인정신이 만들어낸 쾌거였다. 각종 금형을 뜨고 쇠를 깎고 우레탄 도장까지 그 어마어마했던 작업과정이 너무나 힘겨웠지만 보람도 많았다.

처음에는 로봇을 미국회사에 의뢰하여 제작하려 했지만 제작기간만 6개월, 테스트 및 프로그래밍 2개월, 총제작비 6억 원 가량을 요구해 망연자실했던 기억이 새록새록 난다. 그러나 우리는 포기하지 않았다. 프로그래밍 된 로봇도 아니었고 6억 원의 제작비도 들지 않았지만, 8명의 연출 스태프와 20여 명의 촬영 스태프가 매달려 인형극처럼 로봇의 움직임을 연출했다. 얼굴 따로, 손 따로, 다리 따로, 몸 따로…… 작업에 몰두했던 스태프들이나 나 역시 너무 재미있었다. 비록 선근내직인 제직방법이긴 했지만 새로움을 추구하는 우리들에게 두려움이란 없었다. "다 잘 될 거야!" 하며 우리는 스스로를 위로했고 불가능할 것 같았던 작업을 가능하게 만들었을 때의 그 쾌감은 복권 1등의 행운도 부럽지 않았다.

NTC를 끝내고 후반작업에 돌입했다. 프레임이라는 작업 툴을 이용하여 약 150여 개의 레이어들로 인물의 표정과 로봇을 합성했다. 그리고 목 근육의 디테일을 위해서 마야 등의 이미지에서 3D 그래픽을 첨가했다. 드디어 목의 움직임이 살아나고 인공수정을 상징하는 작업이 진행됐다. 수정관을 움켜쥐는 연출은 섹스의 절정을 의미했다. 시험관 속의 KID-A는 디지털 시대를 살아가야 하는 새로운 세대들을 상징하기 위해 투명인간인 형체에 디지털 신호를 매핑(mapping)하였다.

드디어 오디오 작업. 사운드 디자인을 기본으로 하고 젊은층이 선호하는 하드코어적인 음악을 선택했다. 선곡 과정에서 가장 고심했던 것은 바로 SF가 가지고 있는 차가운 분위기를 바꿔줄 멜로디와 탄생에 필요한 경이로움, 교미를 상징하는 아름다운 음악의 필요성에 대한 것이었다. 마침내 관현악단이 현악기로만 연주한 하드코어를 찾았다. 현악기의 선율과 얼터너티브 록적인 분위기로 편곡된 B.G.M은 더욱 다이내믹하고 웅장했다.

모든 작업이 그렇듯이 광고를 위한 광고보다는 감동을 위한 작업과 노력이 더욱 좋은 결과를 만든다고 생각한다. 지금도 그 당시 작업했던 모든 스태프 여러분께 감사하고 CF와 영상을 사랑하는 후배 여러분들에게 조금이라도 도움이 되었으면 하는 바람이다.

감독 최영철

리차드 월드 2004. 9

Na : 리차드가 만들어간다.
Leechard Prohair

STAFF
기획 : 첼리김
제작 : CN 프로덕션
감독 : 정행길

CJ mall.com 2004. 3

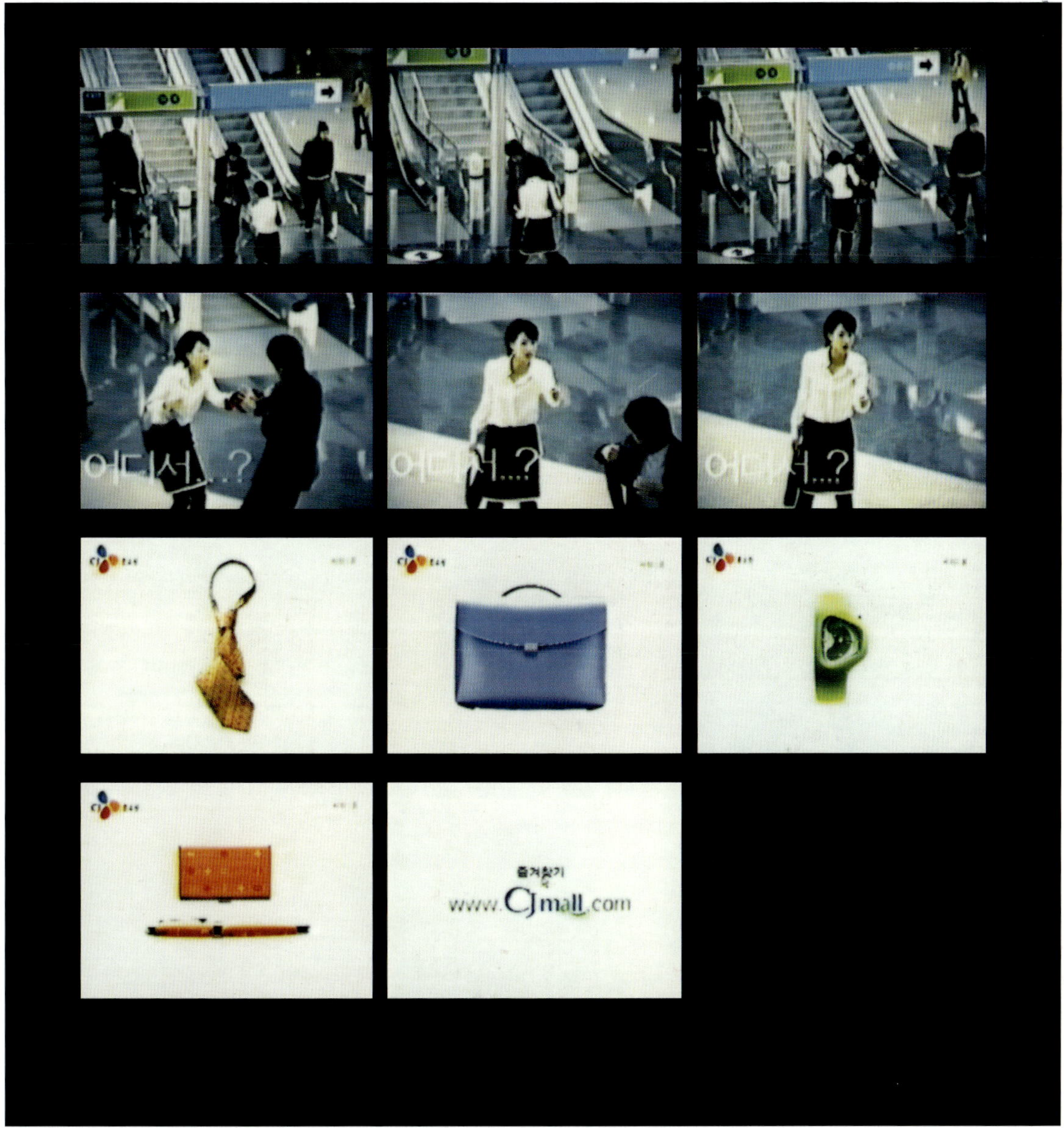

〈기획노트〉

15초 CF에서 반전이 가능할까? 구구절절한 제품 설명이 없다. 단 한마디 "어디서?" 라는 카피가 말하고자 하는 메시지를 심플하게 전달한다.

후반부에는 아무 카피 없이 CJ mall의 독특한 B.G.M과 함께 하얀 배경 위로 다양한 가방들이 몰핑 기법(morphing, 화면을 서서히 변화시키는 기법)으로 빠르게 변한다.

03_애니메이션형animation

삼성전자 또 하나의 가족(점토)

삼성전자 또 하나의 가족(수채화)

해태음료 콤비콜라(셀+유리용 색연필)

M · net 스테이션 ID(셀+아크릴 컬러)

동서식품 콘푸라이트(실사+애니메이션)

삼성전자 또 하나의 가족(점토)

① 수박 편

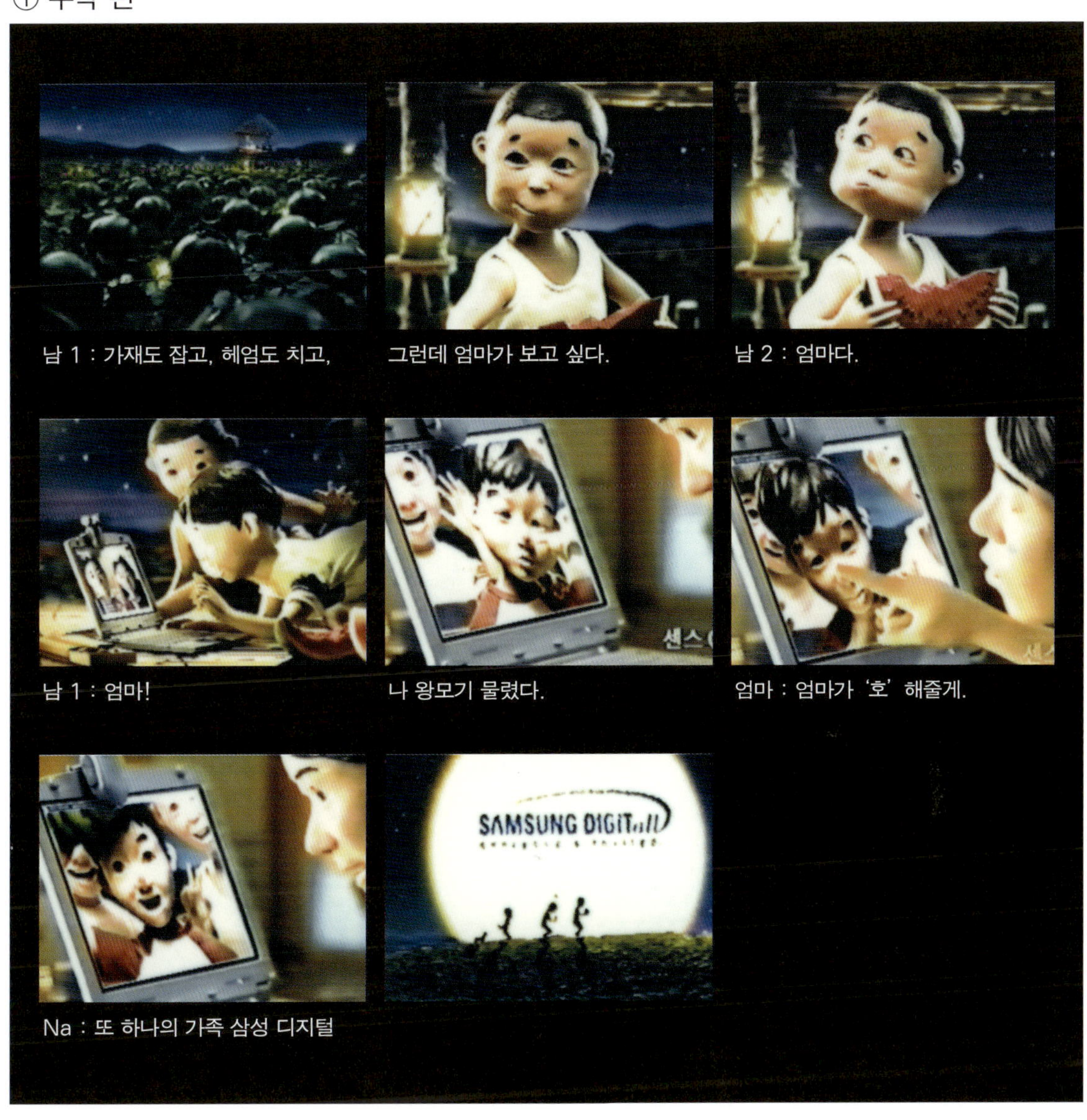

② 기차여행 편

③ 마을과 텔레비전 편

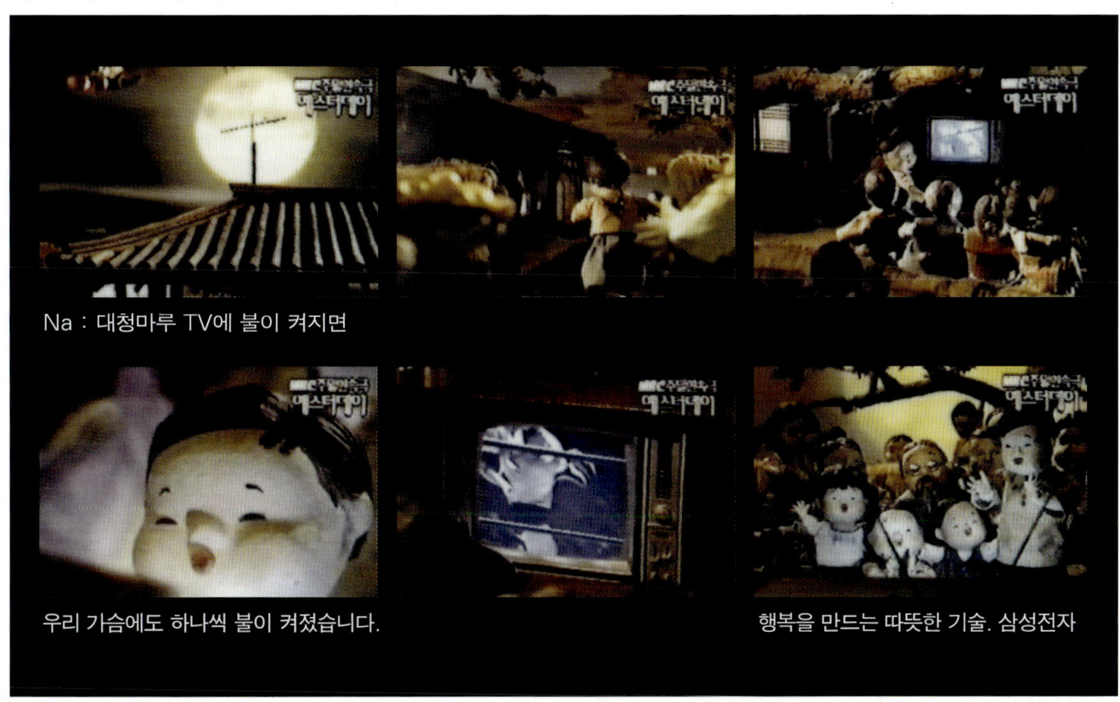

④ 입대하는 아들 편

⑤ 축구중계와 가족 편

남 1 : 오늘은 이상한 날이다.

남 1 : 맨날 늦던 아빠가 일찍 들어오시구.

남 2 : 갔다 왔다.

남 1 : 어쭈 누나까지.

남 3 : 슛 골인 만세!

남 1 : 기분이 다 좋아요.

Na : 또 하나의 가족 삼성전자

STAFF
대행사 : 제일기획
기획 : 송정기
제작 : 동진 프로덕션
감독 : 김현준

〈제작노트〉

관행화된 고고한 기업광고 표현기법으로부터 벗어나 과감하게 애니메이션으로 결정하면서 주변의 걱정이 대단했다. 방송광고에서 애니메이션이란 어린이 완구, 식품, 주부 용품, 제과 등에나 어울리는 캐릭터였기 때문이다. 첨단기계를 생산하는 세계 일류 전자회사 광고에 만화형 애니메이션 캐릭터를 활용한다는 것은 회사의 품격을 떨어뜨린다는 이유에서 반대의견이 많았다.

위험부담이 없어야 한다는 쪽의 의견은 유명인사나 빅 모델(A급 탤런트)을 써서 '또 하나의 가족'을 설정하자는 것이었다. 그러나 이들 유명인에 의한 설정은 번지르르한 구성일 수밖에 없어 종래의 기업광고 표현방식과 별다른 차별화를 기할 수 없다는 것이 문제점으로 지적되었다. 놀랍게도 CEO의 결심은 애니메이션 쪽이었다.

1997년 시작된 '또 하나의 가족'의 애니메이션은 고전적인 셀(cell)과 수채화 터치 애니메이션이있는데 셀 기법은 입체감이 없으며, 수채화 터치는 프레임 속의 한 폭의 그림 같은 느낌에 그쳐 따스한 감성이 묻어 나오지 않았다. 첨단의 3D CG 애니메이션은 너무 차가울 것 같아 처음부터 제쳐놓았다.

2000년 점토(clay) 애니메이션을 시도해보았다. 우리나라에도 고도의 미감과 테크닉을 요하는 점토 애니메이션 전문가가 있긴 했지만 수준급은 못 되어 세계 유수의 점토 애니메이션 프로덕션 쪽으로 눈을 돌렸다.

미국의 윌빈튼 스튜디오에서 본격적으로 작업을 했는데 15초짜리 한 작품을 만들기 위해 약 3개월이 소요되며 편당 제작비가 20만 달러에 달했다. 진흙으로 캐릭터를 빚은 다음 한 프레임씩 움직이는 동작을 촬영해야 하는 고난도 기술이다.

투박한 얼굴들, 뒤뚱거리는 동작의 점토 인형들은 사람을 가장 많이 닮은데다 스토리가 소박한 우리네 세상살이가 설정되어 있어 시청자들의 따스한 사랑을 받고 있는 메시지로 자리매김하고 있다.

감독 김현준

삼성전자 또 하나의 가족(수채화)

① 낙도 편 1995. 5

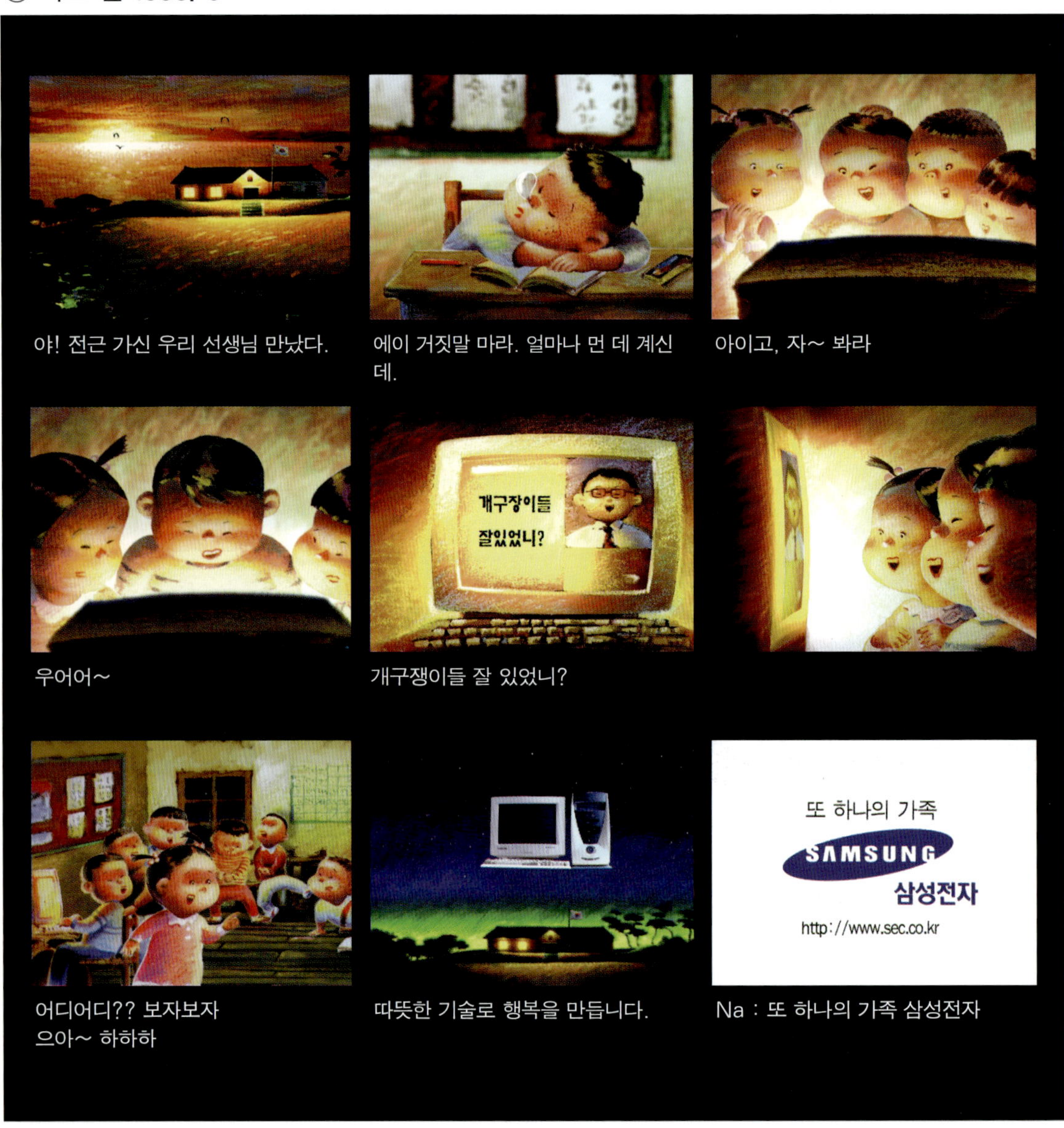

② 추수 편 1999. 1

띠리리리. 아, 여보시오? 뭐워여?

아이고, 내 전화여!

새참들 먹고 하세요.

행복을 만드는 디지털

또 하나의 가족 삼성전자

③ 수박 편 1998. 6

〈제작노트〉

1997년 이후 제일기획은 환율 상승과 국가 경제의 불확실성으로 인해 전통적 페이퍼 애니메이션으로 비용을 절감한 프로세스를 택하게 되었다.

제작을 의뢰받은 비전프로(Vision Pro)는 극히 평이한 2D 애니메이션으로 어떻게 하면 입체적인 비주얼을 창출할 수 있을까를 연구한 끝에 다루기 힘든 수채화와 파스텔 등으로 한지에

채색하여 아주 토속적이면서 훈훈한 사람 냄새가 나는 정직한 기법을 사용하기로 하였다.

〈세부 제작과정〉

① 구성 및 레이아웃

콘티 분위기를 살리기 위해 낙도의 분교를 찾아가 촬영한 자료를 토대로 스케치하여 화면 구성을 하였다.

② 원동화

일반 셀 애니메이션과 같이 7에서 12 필드에 원화하여 2B 연필로 원동화를 제작하였다.

③ 페인팅

수채화는 한 장의 그림을 그리는 데에는 문제가 없으나 수많은 연속 동작을 일정한 명도와 채도를 유지하며 표현해내는 데에는 어려움이 있다. 작화 과정에서는 육안으로 판별하기가 쉽지 않으나 컴퍼지팅하여 동영상으로 보면 화면이 심하게 깜박거려 합성 과정에서 수정할 수밖에 없었다.

④ 배경

인물은 수채화에 파스텔로 덧칠하여 약간의 입체감을 주었고, 배경은 그 느낌을 유지하되 회화성을 높이기 위해 사포에 파스텔로 드로잉하였다.

해태음료 콤비콜라(셀+유리용 색연필)

STAFF| 감독 : 이덕만

M · net 스테이션 ID - CJ 미디어(셀+아크릴 컬러)

동서식품 콘푸라이트(실사+애니메이션)

STAFF | 기획 : 서울광고기획
감독 : 이덕만

04_티저형teaser/런칭형launching

TTL

현대 M 카드(정준호 편, 장진영 편)

TTL

① 1999. 6. 26

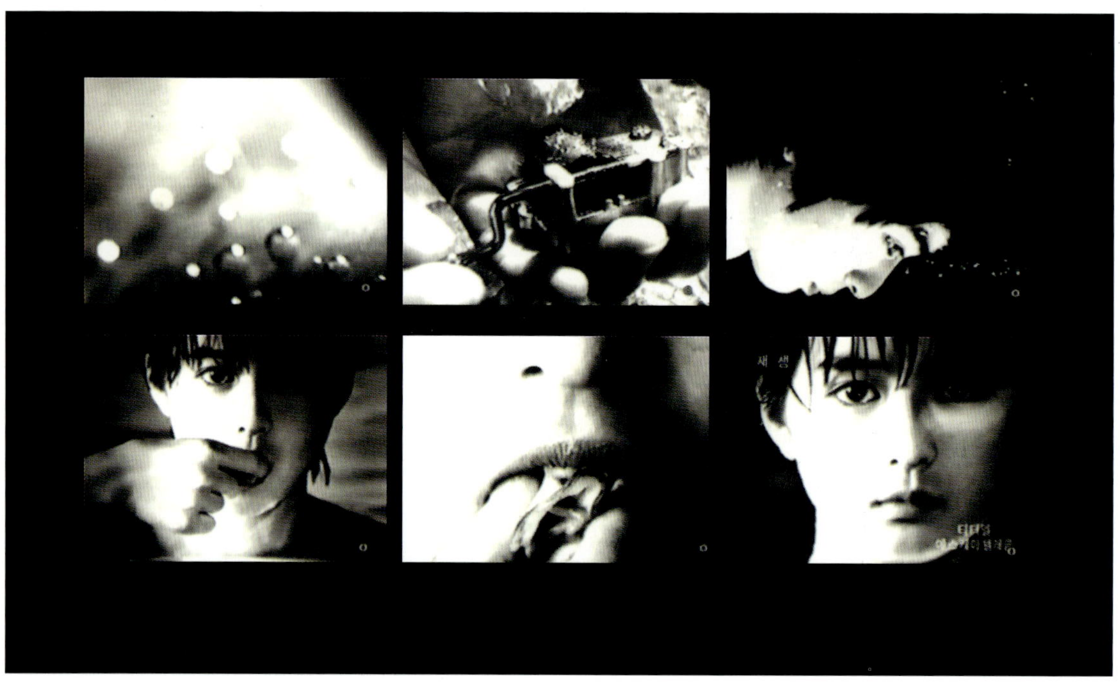

② 1999. 9. 11

③ 1999. 11. 10

④ 2002. 5

STAFF | 제작사 : 매스메스에이지
감독 : 박명천

〈기획노트〉

TTL을 소비자들에게 알릴 때, 티저 기법을 사용함으로써 소비자들로 하여금 TTL에 대한 호기심을 가지게 했다. 사람들이 길거리를 돌아다니다가 SK 텔레콤 매장에서(아니면 어떤 곳이든지) 'TTL이 SK 텔레콤이구나!' '011의 새 이름인가?' 이렇게 인식하게 될 때, 또 구전을 통해 TTL의 광고가 입에 오르내릴 때 두 번째 광고가 나왔고, 그때의 카피 "스무 살의 011"이라는 문구를 통해 TTL의 실체(?)를 알 수 있었다. 광고, 경제, 경영에 관심이 많은 사람들이라면 'SK 텔레콤이 011의 이미지를 바꾸기 위해 아주 멋진 방법(TTL 광고를 통해)을 쓰는군!' 이라고 생각했을 것이다. 솔직히, 그동안 011(즉 SK 텔레콤)의 이미지가 조금은 권위적이고 보수적이며, 기성세대들만이 사용하는 번호라고 느끼던 건 사실이다. TTL 광고를 통해, 그리고 TTL 가입시 25세 이하에게 일곱 가지 특권을 준다는 SK 텔레콤의 마케팅을 통해 SK 텔레콤은 이미지를 바꾸고 한국 제1의 이동통신업체로 도약하고자 하였다.

• TTL의 탄생

스무 살의 011 TTL이 탄생하기 전, 스피드 011은 이미지가 진부화될 가능성이 있었다. 즉 타깃층인 18세 이상, 23세 이하 시장에서 스피드 011은 경쟁사보다 고가로 인식되어 젊은 이미지보다는 장년층을 위한 브랜드라는 이미지가 강한 상태였다. 소위 아저씨 브랜드로 인식되었다. 이 상황에서 SK 텔레콤의 또 다른 이동전화 브랜드를 보다 젊은 이미지의 브랜드로 포지셔닝할 경우, 기존의 스피드 011 브랜드가 타깃층에서 더욱 멀어진 성년 이미지로 굳어질 위험성이 발견되었다.

1823 시장에서의 강한 경쟁력을 확보하기 위해서는 모 브랜드의 우월 이미지를 기초로 하되, 배타적인 젊은 이미지를 획득해야 한다는 방향을 수립하였다. '아저씨 이동전화' 라는 011의 부정적인 이미지는 배제시키는 동시에 '혁신적이고 새로운 브랜드' 라는 이미지를 추구할 수 있는 방안을 모색하였다. 즉 새로운 브랜드의 본원적 출발점인 목표 고객층에게 타깃 세분화의 의미를 전달하여 그들 스스로 새로운 브랜드와 동일화할 수 있는 방안을 모색하였다. 그러기 위해서는 새로운 브랜드에 맞는 콘셉이 필요했다. 이렇게 해서 탄생한 콘셉이 '스무 살의 011' 이라는 간단한 한마디이다.

소비자를 상대로 한 심층면접 결과 '스무 살의 011' 이라는 표현은 011이지만 011이 아닌, 즉 '젊은층을 위한 특별한 011' 이라는 의미로 해석되었다. '스무 살' 이라는 표현은 스무 살이라는 한정적인 나이로 해석되기보다는 10대에게 성인이 된다는 동경의 대상으로, 20대에게는 젊음을 상징하는 은유적 상징으로 받아들여졌다. 또한 젊은층을 위한 특별한 011이라는 이미지는 젊은층을 위한 배타적인 혜택이 담긴 브랜드일 것이라는 기대감을 전달하였다. 방향 설정을 위한 실용적 접근을 하는 데 충분한 자료를 확보하기가 힘들었다. 그러나 커뮤니케이션 관점에서의 심층면접을 통해 그들만의 몇 가지 특징적인 현상을 정의할 수 있었다.

첫째, '복제된 개성' 이라는 행동적 특성이다. 젊은 세대로서의 행동 특성은 1990년대 초반 X 세대라는 개념이 등장한 이후 일부 유행한 부분을 제외하고 특별한 차이는 발견할 수 없었다. 즉 머리 염색, 남성의 귀고리 착용, 힙합 패션 등 현재의 세대를 대표하는 기성세대에 대한 저항과 개성 연출이라는 측면을 제외하면 과거 신세대의 표현방식과 큰 차이가 없었다. 신세대는 이동전화 브랜드의 가격, 통화품질 등 이성적 가치에 대해서는 어느 정도 충족하였지만, 자기표현, 소속감 등 감성적 가치에 대해서는 아직까지 만족하고 있지 못하다는 상황을 근간으로 '스무 살의 011' 이라는 브랜드 콘셉을 전달하기 위해 타깃층의 자기표현 가치 창출이라는 감성적 접근을 시도하였다. 이를 위해 런칭 단계에서 커뮤니케이션 틀과 크리에이티브 주제를 '숨겨진 스무 살의 이미지' 로 설정하고, 크리에이티브에서 스무 살 심리 내면의 모습을 비정형성 · 비설명적 · 비논리적 · 비주입식으로 정의하여 타깃층 스스로가 이해하고 해석해 나가는 소비자 참여형 광고의 접근을 시도하였으며, 그러한 비정형성 자체가 극도의 호기심으로 연결될 수 있도록 계획하였다. 소비자들 중에는 SK 텔레콤이 '스무 살의 011' 이라는 메시지를 통해 20대를 위한 시장 세분화 브랜드를 출시한다는 정보에 대해 창조성이 결여된, 유행현상에 대한 모방 행동이라고 비판적인 시각을 드러낸 반면, 유행현상을 수용하는 신세대들은 설사 그러한 행동이 동세대의 유행에 편승하는 것일지라도 그 자체가 자신의 개성 표현이라고 주장하였다. 이러한 해석의 차이는 새로운 브랜드의 커뮤니케이션이 타깃층의 시각에서 받아들여져야 한다는 명제를 성립시켜주었다.

둘째, '단순성 속의 다중성' 이라는 그들의 심리적 특성이다. 신세대들의 특성은 매우 단순하고 즉흥적인 것으로 관찰되었다. 즉 무엇이 왜 좋은가 라는 질문에 '그냥' 이라는 대답을 쉽게 접할 수 있었다. 그들의 특징적 행동의 저변에는 이유나 논리, 이성적인 측면보다는 비논리적이고 감각적인 사고체계가 깔려 있는 것이다. 기성세대에 대한 막연한 저항감, 뜻을 파악하기 힘든 언어습관, 기성세대와의 무조건적인 차별성 추구 등 그들만의 독특한 배타성은 내재적인 이유를 함축하고 있었다. 그들의 단순해 보이는 행동 특성은 예측할 수 없는 다양한 방향성을 가지고 있었으며, 그런 복잡한 행동 표출은 다양한 가치관 속에서 겪게 되는 무정체성, 불확실성에 기인하고 있다고 추론할 수 있었다. 이런 심리적 특성을 지닌 현재의 신세대를 대상으로 한 커뮤니케이션에서 어떤 사실을 억지로 강요한다든가 '무엇이 정답이다' 라는 식의 정의적 접근방식은 효과가 떨어질 것이라고 예측하였다.

• 크리에이티브 전략

신제품의 커뮤니케이션 방향은 새로운 브랜드가 1823 세대를 위한 브랜드라는 정보와 고유 이미지를 구축하는 것이었다.

• 브랜드 네이밍

여러 브랜드 후보 가운데 TTL이라는 브랜드를 선정하게 된 가장 큰 이유는 브랜드의 비정형성 때문이었다. '티티엘' 이라는 발음상의 강점도 선정의 큰 이유가 되었지만 'The twenty' s life' 'The twenty' s liberty' 'Time to love' 'Time to leave' 'That' s the life' 등 제각기 다른 해석을 제시할 수 있는 약자의 구조가 새로운 브랜드의 성격에 가장 적합한 것으로 평가되었다. 따라서 모든 커뮤니케이션에서 TTL이 무엇의 약자라고 정의하지 않도록 했다. 이러한 의도는 런칭 후 타깃층의 관심과 호기심을 이끄는 데 큰 힘을 발휘하였으며, 잠재고객들로 하여금 다양한 해석을 이끌어냄으로써 고객 스스로가 제품의 성격을 만들어가는 흥미요소를 창출하였다.

• 모델 전략

이동통신은 제품 실체가 없는 서비스 상품이라는 측면에서 브랜드 로고와 광고의 모델이 커뮤니케이션에서 중요한 역할을 수행하게 된다. 그렇기 때문에 새로운 브랜드의 광고에서 기성모델의 활용은 배제하였으며, 그동안 매체 광고에 노출되지 않은 완전한 신인 모델을 활용하기로 하였다. 또한 광고 모델의 중복 출연으로 인한 모델 이미지의 혼동 현상을 피하고, 신세대를 타깃으로 한 TTL만의 배타적 이미지를 창출하기 위해 TTL 광고에만 출연할 수 있는 완전 전속을 조건으로 모델을 섭외하였으며, 출연 이후 최대한 언론 노출을 자제하기로 하였다. 이러한 모델 전략은 런칭 후 가장 큰 화젯거리가 되기도 하였으며, 모호하고 신비한 브랜드 이미지를 구축하는 바탕이 되었다.

• 광고 콘셉 및 크리에이티브

런칭 단계의 광고 콘셉은 '처음 만나는 자유' 로 설정하였다. 이것은 스무 살이 됨으로써 자유를 얻게 되는 타깃층을 상징화한다는 의미와 TTL을 통해 이동전화를 처음 갖게 된다는 중의적 의미를 의도하였다. 크리에이티브는 스무 살의 여러 심리적 갈등 요소를 부분적으로 배치하고 마치 조각그림을 맞추어가는 듯한 구성이 되도록 하였다. 논리적으로 잘 정리된 정보를 소비자에게 주입하는 기성의 접근 방법보다는 비논리적이고 비정형적인 구성을 통해 소비자 스스로 호기심을 가지고 의미를 해석하게 하는 접근 방법을 사용하였다.

현대 M 카드

① 정준호 편 2002. 3

② 장진영 편 2002. 4

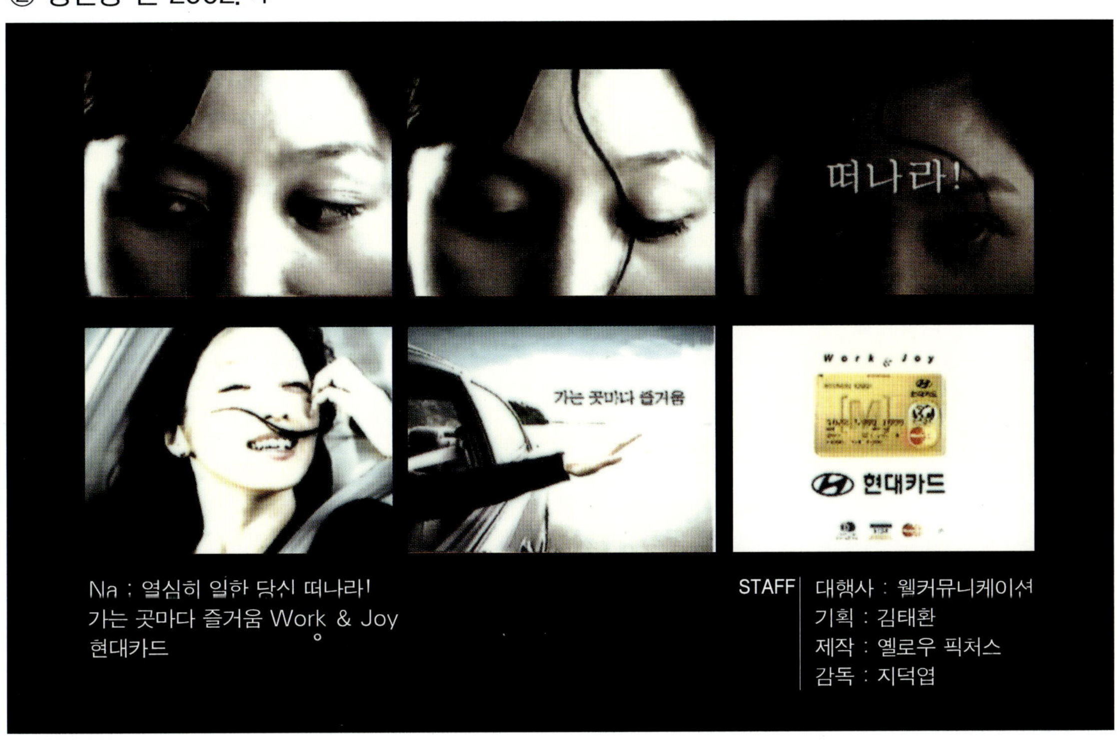

Na : 열심히 일한 당신 떠나라!
가는 곳마다 즐거움 Work & Joy
현대카드

STAFF
대행사 : 웰커뮤니케이션
기획 : 김태환
제작 : 옐로우 픽처스
감독 : 지덕엽

〈기획노트〉

• 차별성에 관하여

휴식에 목말라 있는 직장인들의 심리를 콕 집어낸 카피로 기억되는 CF다. 20대 후반 및 30대를 목표 소비자로 겨냥한 이 CF는 도시남녀의 일과 즐거움을 이분화해 병렬 배치했다. 가입자 및 사용자의 수가 많을수록 카드업체는 희희낙락하게 마련인데 이 광고는 진정한 속내와 달리 카드 사용자의 자격 조건에 '열심히 일한 당신'이란 단서 조항을 달아 늘어가는 신용불량자 문제, 과소비를 부추기는 신용카드 등과 같은 사회문제와 거리를 두어 차별화된 설득력을 얻었다.

• 두 가지의 진한 잔상에 관하여

무엇보다 다음의 두 가지 요소가 진한 잔상을 남겼다. "떠나라"란 카피, 그리고 바람과 손의 접촉을 그린 영상.

떠나라란 단호한 한마디는 카타르시스의 언어로 명확한 콘셉 설정이 좋다. 떠나라는 말은 일상에서 떠나고 싶은 마음만 있을 뿐 입 밖으로 차마 꺼내 실행하지 못하는 보통의 샐러리맨들에게 매혹적인 명령처럼 다가왔을 것이다.

또한 모델 정준호 및 장진영이 보여주는, 손가락 사이로 바람을 맞으며 환하게 미소 짓는 영상은 얼핏 치열한 일터를 떠나 얻을 수 있는 혜택치고는 소박한 듯싶으나, 일상으로부터의 거창한 일탈이 아닌 현실감 있는 설정으로 주 타깃층인 샐러리맨들의 공감대를 형성하여 한결 신선한 맛을 선사하였다.

방송작가 정진규

05_모델형model/명사형prestige

대우증권 플랜마스터(임권택 편)

칠성사이다(백남준 편)

카운티스(COUNTESS)

대우증권 플랜마스터(임권택 편) 2003. 7

영화감독 : 임권택

촬영감독 : 정일성

그의 곁엔 항상 힘이 되어준 사람이 있습니다.

당신 곁엔 플랜마스터가 있습니다.

플랜마스터 대우증권

STAFF
대행사 : 오리콤
기획 : 이홍록
제작 : 쥬 프로덕션
감독 : 김종원

〈제작노트〉

동이 트는 여명. 북소리와 타악기가 기분을 돋우며 임권택 감독이 기와지붕 위에서 상념에 빠져 있다. 화면이 바뀌어 임권택, 정일성 감독이 영화 촬영에 대해 진지하게 이야기하고 있다. 순간 와인빛 복장의 협객들이 기와지붕을 뛰어 날아오른다. 저편 크레인을 탄 임권택 감독의 독특한 어조의 오케이 사인이 떨어지며 그 옆의 정일성 감독의 환한 미소가 얼굴에 번진다. 그리고 흐르는 카피. "당신 곁엔 플랜마스터가 있습니다." 두 감독의 이름이 새겨진 디렉터 체어가 비주얼 코드로 여운을 남기며 플랜마스터의 브랜드가 선명히 보인다.

이번 광고는 영화 〈와호장룡〉의 한 장면을 보는 듯한 와이어액션이 압권이다. 촬영 장소는 전주 한옥마을로 실제 영화 〈비천무〉의 스턴트맨들이 협객으로 분장하여 출연하였다. 배경음악은 김수철 씨가 맡았고 북과 징 등 전통적인 타악기와 서양의 리듬이 믹스된 퓨전 음악이 광고의 역동성을 한껏 살려주었다. 협객들의 와인빛 복장은 증시의 빨간색을 상징하는 것이며 지붕위로 달리는 컷도 한국 증시의 활성화를 기대하는 의미를 담고 있다고 한다

임권택 감독은 이번 플랜마스터 TV 광고가 처음이다. 항상 감독의 입장에서 일하다가 연기자의 입장이 되고보니 무척 어색함을 감추지 못했다. 하지만 막상 촬영에 임하니 두 거장들은 역시 프로다운 기질을 보여주었다. 사실 광고 촬영 현장에는 많은 갤러리들로 북적거렸는데 누가 모델이고 누가 감독인지 헷갈리는 분위기. 광고 감독도 두 거장에게 한 수 배워가며 촬영을 하느라 진땀을 흘렸다는 후문이다.

이홍록(오리콤 광고전략 본부장)

칠성사이다(백남준 편) 1996

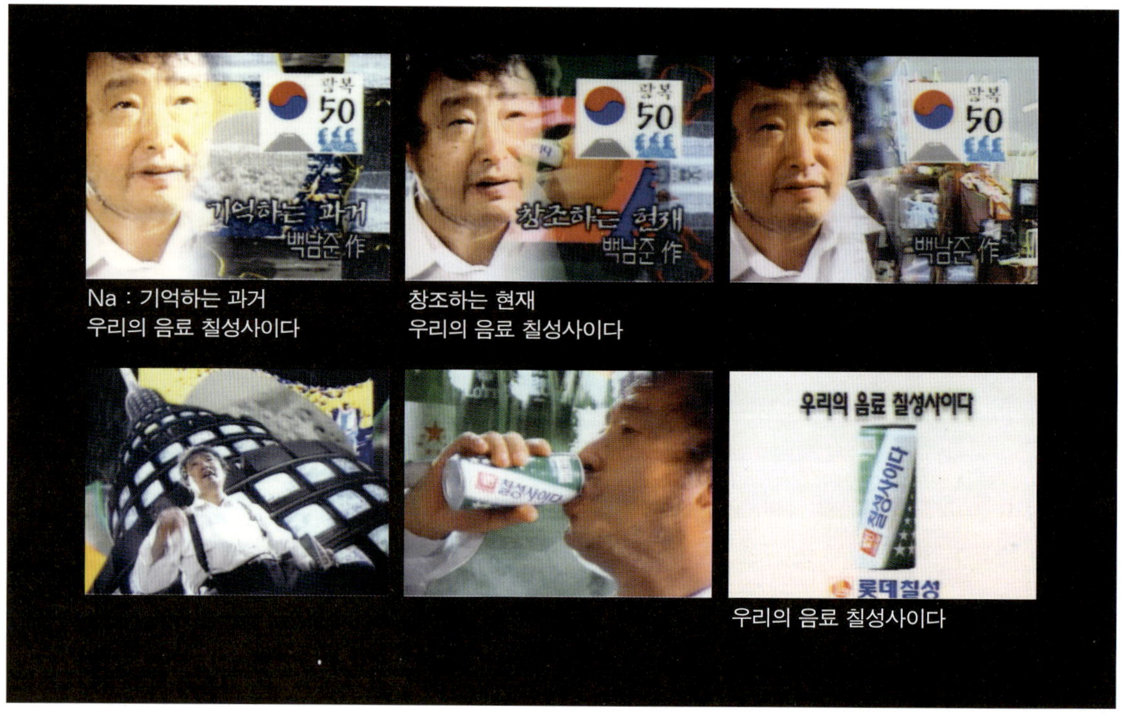

Na : 기억하는 과거
우리의 음료 칠성사이다

창조하는 현재
우리의 음료 칠성사이다

우리의 음료 칠성사이다

〈제작노트〉

대중연예인은 CF 출연을 자연스럽게 받아들이지만 소위 순수예술가들은 공익광고가 아닌 상업광고의 섭외가 어렵다. 그런데 백남준은 예술의 '순수함'이라는 어휘에 대해 질색을 한다. 그는 "예술은 사기"라고 말하지 않았는가?

그는 시종일관 촬영에 진지하게 임했다. 인상에 남는 것은 어쩌다 유명인사들이 CF에 출연했을 때 관련 '상품'에 손대지 않고 멘트만 하는 것이 관례인데, 백남준은 사이다를 몇 캔씩이나 마시면서 작품에 임했다는 점이다.

감독 이재준

* 세계적인 비디오 예술가인 백남준은 1959년 독일에서 '존 케이지에게 바침'이라는 제목의 퍼포먼스에서 피아노를 부수는 파격을 연출, 전위예술계의 주목을 받기 시작했고, 이후 비디오 예술과 설치미술 등에서 세계적인 명성을 구축했다. (위의 사진에서 탑 모양의 작품은 국립현대미술관에 설치된 백남준 작, 〈다다익선〉임).

그는 뇌졸중으로 쓰러진 후 투병생활을 해오면서도 미국 안팎의 전시회에 참가하거나 퍼포먼스를 계속하였다. 그리고 2006년 2월에 거인 백남준은 이 세상을 떠났다.

카운티스(COUNTESS) 2003. 12

〈제작노트〉

주택건설 전문회사 '카운티스'는 슬로 시티를 지향한다. 슬로 시티는 이탈리아에서 시작된 캠페인으로 중세풍을 간직하면서도 현대문명의 첨단 기기를 안고 사는 삶의 질을 소중히 여기는 운동이다.

르네상스풍이 생생히 살아 있는 이탈리아 올리비에타의 어느 저택을 배경으로 촬영했다. 출연자는 귀족 출신의 여대생으로 움직임, 표정에서 우아함이 자연스럽게 배어나와 별다른 NG 없이 편안하게 촬영을 끝낼 수 있었다.

PD 첼리김(CN 프로덕션), 감독 정행길(CN 프로덕션)

06_공익성 메시지형public ad

국가인권위원회(외국인 노동자 아빠!)

공익광고협의회(미소로 기억되는 나라)

SBS 캠페인(국악의 해)

국가인권위원회(외국인 노동자 아빠!)

아이 : 아빠는 멀리 멀리 갔어요.
아빠는 출상 갔어요. 아빠 빨리 오세요.
Na : 10만 외국인 노동자 우리가 함께 살아갈 사람들입니다.
국가인권위원회

STAFF | 제작 : 매스메스에이지
감독 : 박명천

〈기획노트〉

• 광고 목적

세계 인권선언 55주년을 맞아 국민 인권의식 증진 및 진정권 안내를 목적으로 하는 대국민 캠페인성 홍보 방안의 하나로 전달력이 빠르며 폭넓고 효과적인 TV 광고를 추진.

• 광고 내용

① 개요

텅 빈 어린이집에서 외국인 노동자와 한국인 부부의 아이로 보이는 혼혈 어린이가 엄마 아빠와 함께 모여 행복하게 생활하고 싶은 소망을 그림으로 그리는 장면을 보여주고, '차별 없는 세상 만들기' 에 대한 메시지를 아이의 소망에 담아 표현.

② 세부내용

광고의 내용과 표현 방법 : 혼혈인 차별 문제, 부모의 국적이 다르다는 이유로 충분히 보호받지 못하는 어린이 문제를 환기시킨다.

③ 기대효과

차별 없는 세상을 위해 노력하는 인권위원회 이미지 소구, 차별은 없어야 한다는 공감대 형성, 일반 국민들의 차별 감수성 제고, 진정권에 대한 홍보.

• 광고 집행 계획

① 추진방식 : 한국언론재단에 광고 제작 및 게재 의뢰

국가를 당사자로 하는 계약에 관한 법률 시행령 제26조 1항 8호(아)의 규정(국가사업을 위탁 또는 대행할 수 있는 자와 당해사업에 대한 계약을 하는 경우) 및 국무총리 훈령 제120호(정부광고시행에 관한 건) 제3조 및 제9조와 정부광고업무시행지침 제3항 규정.

② 제작 및 방송 기간

제작기간 : 2003. 11. 3-11. 30

방송기간 : 2003. 12. 1-2003. 12. 30(총 30일간)

1차 광고(차별예방과 인권문화 확산) : 2003. 12. 1-12. 15

2차 광고(진정안내와 인권의식 홍보) : 2003. 12. 16-12. 30

③ 방송매체 : MBC, KBS, SBS 등

④ 광고규격 : CF TV 광고기준(15초, 20초, 30초)

⑤ 방송횟수 : 예산액을 기준으로 시청률 등을 고려해 각 방송사별로 SA급, A급, B급을 혼용하여 진행.

공익광고협의회(미소로 기억되는 나라) 2002. 6

〈제작노트〉

주인공 할아버지는 거리에서 스카우트 된 보통 시골 할아버지인데 천성이 고우셔서인지 연습 없이도 늘 미소가 가시지 않는 분이어서 어려움이 없었다. 또 다른 캐릭터들인 돌하르방, 천하대장군, 해태상은 실제 모습을 찍은 다음 CG 기법으로 미소를 살렸다. 관광버스 창문을 통해 외국인들이 놀라는 표정들은 버스 밖에서 스태프들이 우스꽝스러운 몸짓을 해 자연스럽게 그 표정들을 잡을 수 있었다.

감독 김학현

SBS 캠페인(국악의 해) 1994

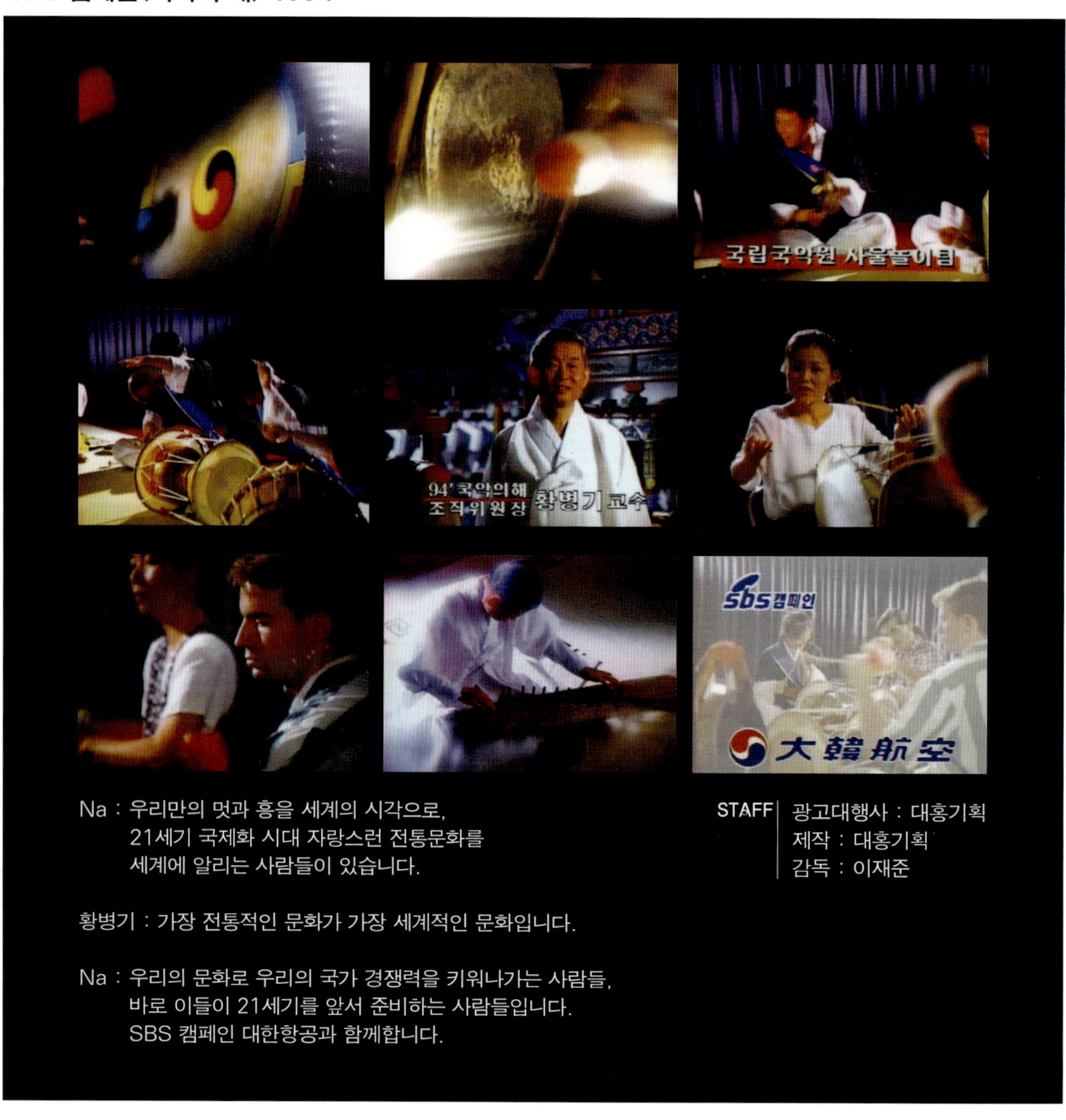

Na : 우리만의 멋과 흥을 세계의 시각으로,
21세기 국제화 시대 자랑스런 전통문화를
세계에 알리는 사람들이 있습니다.

황병기 : 가장 전통적인 문화가 가장 세계적인 문화입니다.

Na : 우리의 문화로 우리의 국가 경쟁력을 키워나가는 사람들,
바로 이들이 21세기를 앞서 준비하는 사람들입니다.
SBS 캠페인 대한항공과 함께합니다.

STAFF
광고대행사 : 대홍기획
제작 : 대홍기획
감독 : 이재준

07_캠페인형campaign

스피드 011 붉은악마 캠페인
SK 텔레콤 MBC 협찬 광고
유한킴벌리 숲이 있는 학교 캠페인
박카스 캠페인

스피드 011 붉은악마 캠페인

① 눈물 편 2001. 10-2002. 2

② 응원 편 2002. 2-2002. 5

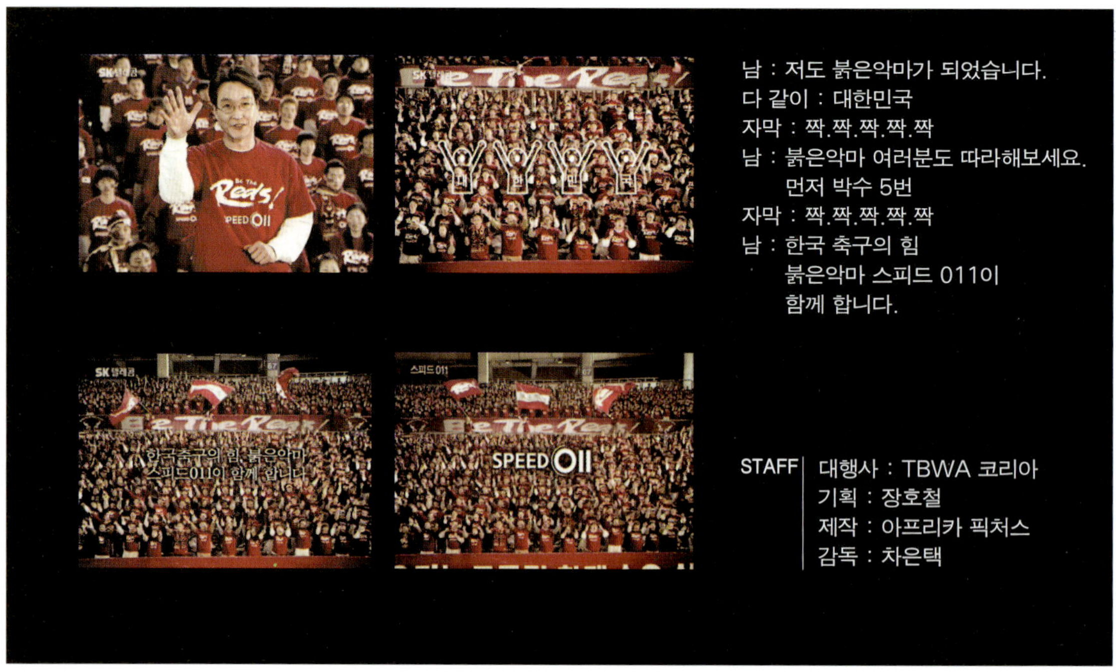

③ 오! 필승 코리아 편 2002. 5

④ 폴란드 편 2002. 5–2002. 7

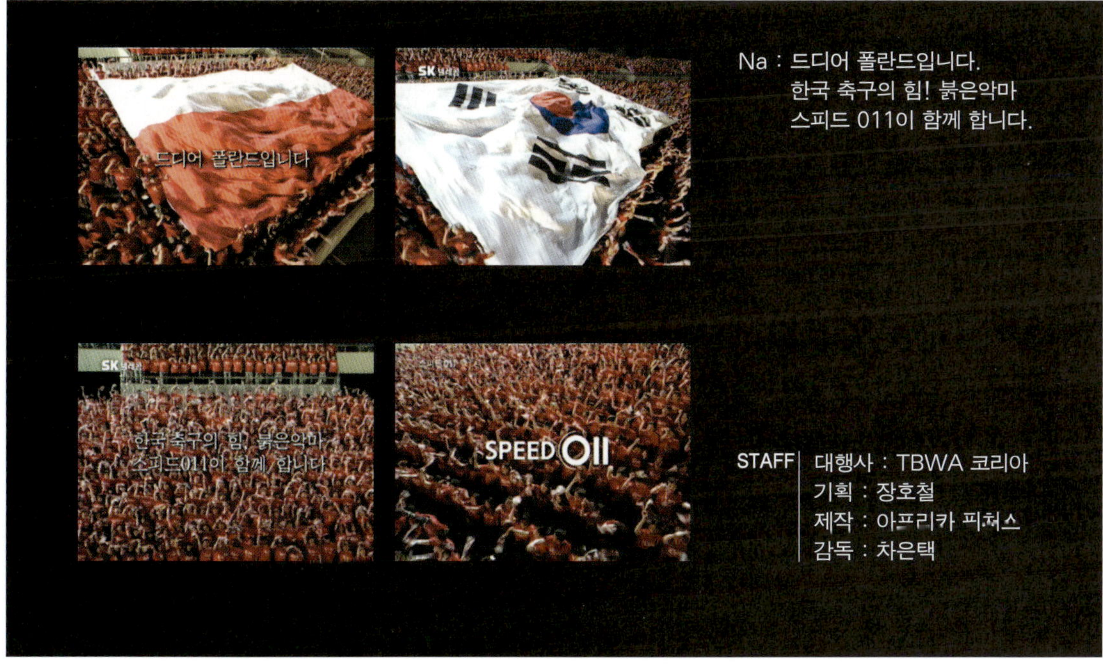

⑤ 미국 편 2002. 5-2002. 7

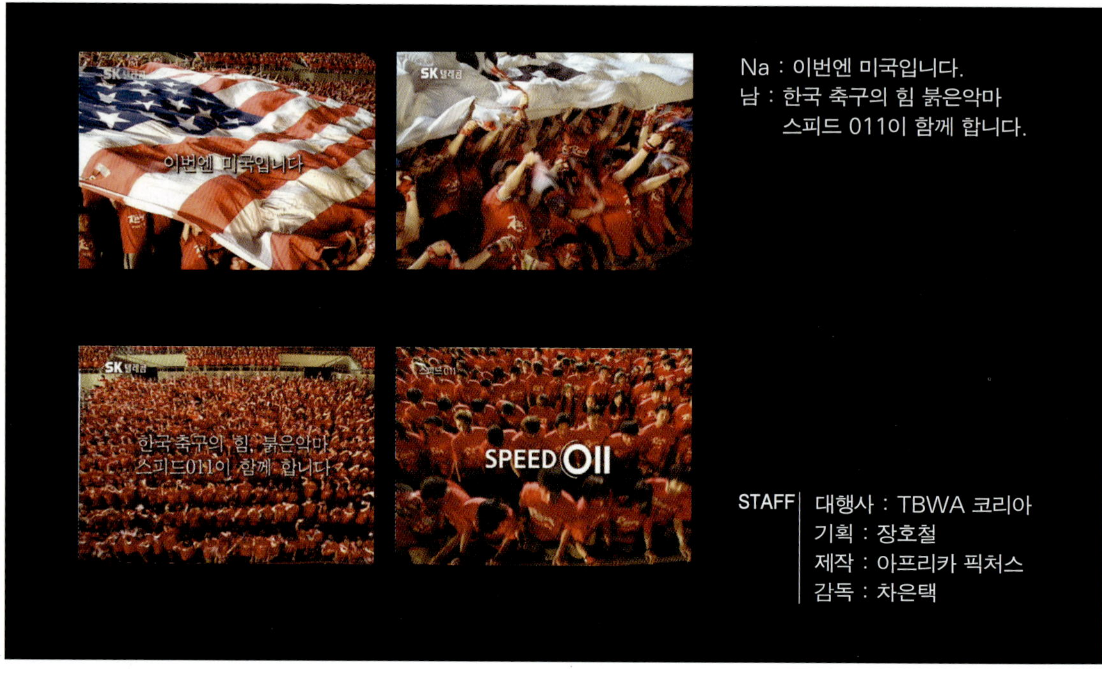

⑥ 포르투갈 편 2002. 5-2002. 7

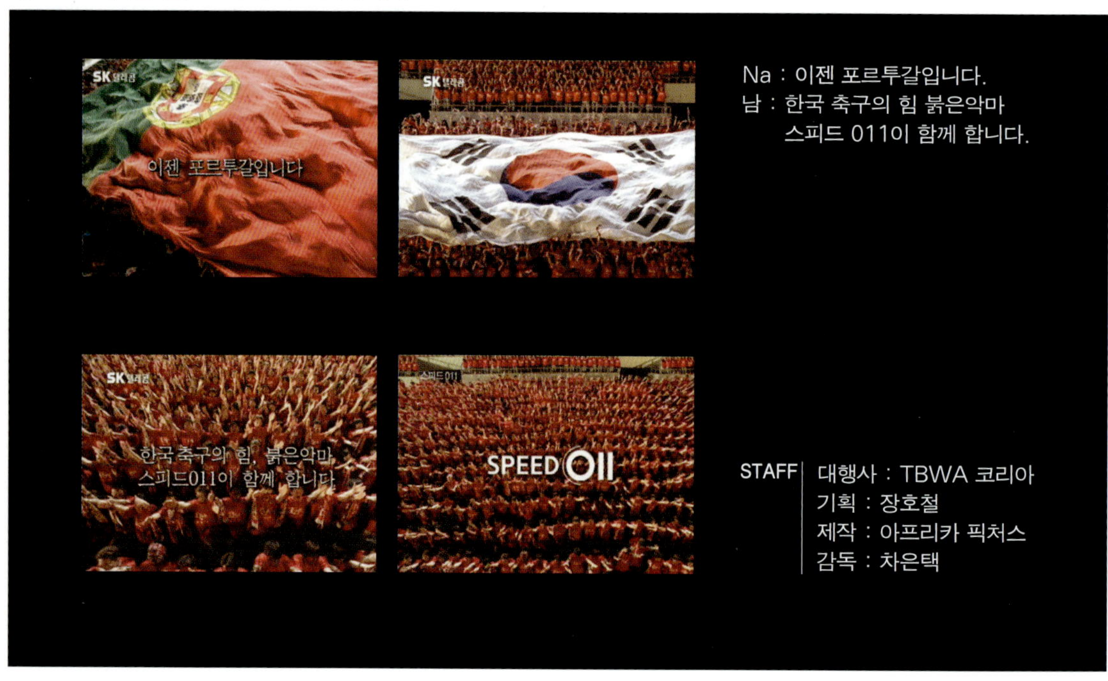

⑦ 이제 4천만 편 2002. 7

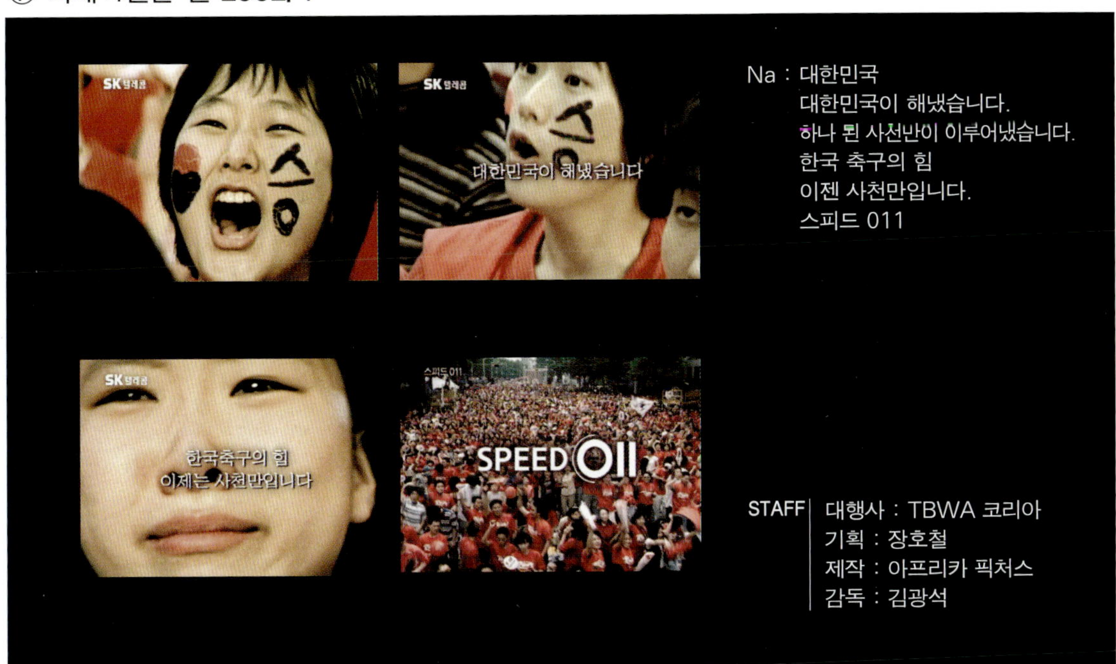

⑧ 꿈은 이루어졌습니다 편 2002. 8

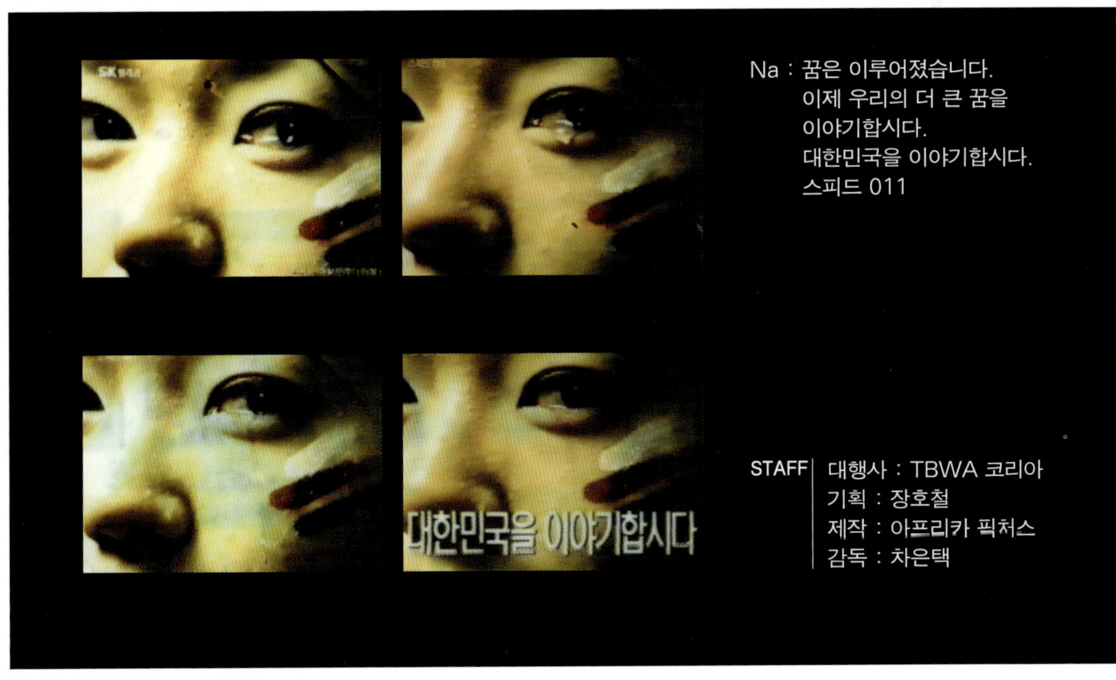

〈기획노트〉

2001년 초만 해도 SK 텔레콤은 당혹스러웠다. 경쟁사 KT(KTF 포함)는 월드컵 공식 파트너가 됐으나 SK 텔레콤은 그 자격을 따내지 못했던 것이다. 월드컵 공식 파트너의 독점적 지위는 막강하다. 파트너 외에는 '월드컵' 'FIFA 2002' 등 월드컵을 암시하는 어떤 용어나 이미지도 쓸 수가 없다. 경쟁사 KT, KTF는 날개를 달았는데 SK 텔레콤은 손발이 꽁꽁 묶인 채 발목에 묵직한 돌까지 하나 달아맨 형상이었다.

SK 텔레콤은 한일 월드컵의 공식 후원사가 아니면서 매복(ambush, 매복을 뜻하는 말로 제한된 스폰서십과 관련된 규제를 교묘히 피해가는 마케팅 기법) 마케팅을 펼쳤다. 공익성, 자발성으로 뭉친 붉은악마와 상업성을 내세우는 기업이 절묘하게 의기투합하는 과정을 통해 발상의 전환 커뮤니케이션 기법 등 여러 생각거리를 던져주었다.

대한민국 대표팀이 4강까지 오르며 분 · 초를 다투는 동안 마케팅 전략을 바꾸고 '광고는 살아있다'를 탄력적으로 실감시키기 위해 프로덕션(아프리카)은 감독 1명, 촬영기사 1명, PD 1명 등을 1개 조로 한 4개 조를 편성, 게릴라식으로 촬영을 하였다. 특별한 연출이 필요 없었다. 뜨거운 현장이 있었기 때문이다. 응원 자체가 드라마였다. 만약 우리 대표팀이 16강에 진출하지 못했다면 "대한민국! 대한민국이 해냈습니다"라는 광고 대신 "아쉽지만 하나 된 사천만이 있기에 좌절은 없습니다"라는 광고를 보게 됐을 것이다.

Be the Reds Campaign 2001. 10 - 2002. 7

• Rules : 월드컵 광고는 공식 스폰서의 전유물이다. 월드컵은 FIFA와 선수들의 축제이다. 응원은 경기장이나 집에서 하는 것이다.

• Change the Rules : 붉은악마 캠페인은 상식이라는 규칙을 깨뜨린다. 공식 스폰서가 아니어도 월드컵 광고를 할 수 있다. 월드컵은 온 국민의 축제가 되어야 한다. 응원은 거리나 야외에서도 할 수 있다.

• 붉은악마 캠페인 1단계 : 눈물 편

붉은악마를 국민에게 소개하고 온 국민이 붉은악마가 되자고 호소하는 단계

• 붉은악마 캠페인 2단계 : 응원 편, 오! 필승 코리아 편

붉은악마의 응원을 배워서 따라하고 온 국민이 하나의 응원으로 뭉치는 단계

• 붉은악마 캠페인 3단계 : 폴란드, 미국, 포르투갈 편, 이제 4천만 편, 꿈은 이루어졌습니다 편

응원을 통해 온 국민이 월드컵 축제를 즐기고, 거리에 모여 함께 응원하는 단계

SK 텔레콤 MBC 협찬 광고

① 고향의 느티나무 편 2003. 11

② 인간띠 편 2004. 4

지금은 교편을 놓으신 김상배 선생님 (카메라 Slow T.U)

어느 날 교통사고로 다리가 불편해지신 선생님은

(슬픔을 감추며 반가워하는 선생님과 학생들의 내면 연기 리얼하게)

살아생전 한번 더 한라산을 오르고 싶어하셨습니다.

이 소식이 전해진 그날 (음악 반전, 여기부터는 빠른 템포)

전국 해외 곳곳에서 찾아온 200여 명의 졸업생들이

선생님과 함께 (험한 산을 오르는 일동)

아름다운 인간띠로 한라산을 수놓았다고 합니다.

새로워진 대한민국에서 보고 싶은 모습입니다.

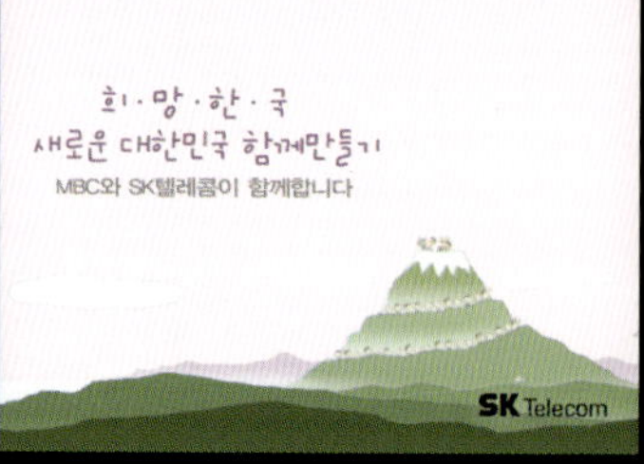

새로운 대한민국 함께 만들기 캠페인 MBC와 SK 텔레콤이 함께 합니다.

〈제작노트〉

SK 텔레콤의 광고 대행사 TBWA 프로듀서인 김동한 부장과 함께 작품에 대한 첫 회의를 시작했다. 보통 첫 미팅에서는 마케팅적 배경이나 비주얼 콘셉 정도의 오리엔테이션 성격을 가진 회의 진행이 대부분인데, 이번 작품은 의외로 정확한 컬러 콘티 및 캐릭터 설정 카피까지 준비된 상태였다. 우리는 만화가 최영순 씨와 TBWA의 기획팀이 애니메이션 제작회의에 앞서 한 달여 기간에 걸쳐 치밀하게 준비해놓은 자료로 회의 진행을 하였다.

나는 속으로 '전통 애니메이션 기법으로 고급스러운 연출만 하면 쉽게 풀 수 있겠구나' 하고 생각하였다. 그러나 대행사 PD의 스케줄표를 보고 깜짝 놀라지 않을 수 없었다. 그 이유는 다음날부터 계산하여 단 10일 내에 광고를 끝내야 한다는 것이었다. 광고의 속성상 보통 30초 기준으로 할 때, 풀 애니메이션 제작 기간은 최소 30일에서 60일 정도가 기본이었다.

그러나 CF를 20여 년 동안 해오며 스케줄에 관한 한 철저하게 지키는 것이 나의 철학이었기에 나는 그날부터 긴장과 흥분으로 작업에 임하였다. 거의 전투 훈련을 방불케 하는 긴급 스케줄 진행에 맞춰 비전프로의 스태프들은 움직였고, 외부 협력관계 애니메이터들은 '감독이 좀 오버하는 게 아닌가?' 할 정도로 조급증을 보였다.

PPM(제작 전 회의)도 광고주와 대행사의 각 부서 관계자들을 본사나 TBWA가 아닌, 좁은 우리 비전프로 사무실로 불러 진행하였다. 나의 카리스마(?)에 광고주와 대행사 CD 및 PD들도 순순히 협조해주었고, 진행하는 과정에서 메이저 광고인들의 노련한 면을 엿볼 수 있었다. 그러나 만화가의 콘티가 아무리 완벽하다 해도 준비된 그림이 동영상으로 표현되는 데에는 여러 가지 비주얼적 연출이 필요했다. 현란한 TV 광고의 홍수 속에서 눈에 띄게 한다는 것은 범상치 않은 무엇이 있어야 하기 때문이다. 따라서 평면적 배경에 좀 어눌한 캐릭터의 단점을 보완하기 위해 카메라 워크의 기술적 표현을 몇 가지 시도하였다. 즉 실사로 비유한다면 원형 레일 촬영, 고속촬영, 롱 트랙 백(long track back) 등 디지털에 의존하지 않고 순수한 아날로그식 작업을 하는 것이었다. 그 일이 그리 쉽지는 않았지만 새롭게 시도해보았다.

또 채색 부분에서 작가의 색채는 약간의 보색이 있었으나 눈을 편안하게 하는 낮은 채도와 모노톤으로 전체 화면을 처리하면서 나무의 둥지는 블랙으로 설정해 과감히 악센트를 주기도 했다. 또한 편집 합성에서 꽃잎은 실사 소스를 응용하여 사용했으며, 배경음악은 리코더 독주의 분위기가 강한 곡으로 선곡해 좋은 반응을 얻었다.

고향의 느티나무 편 이후 상장, 인간띠 두 편도 좋은 반응을 얻고 있으며, 앞으로도 지속적으로 제작하여 삼성전자 같은 가독성을 지닌 광고로 자리잡고자 하는 것이 SK의 계획이다.

비전프로 대표감독 이규홍

유한킴벌리 숲이 있는 학교 캠페인

① 호주 편 2001. 3

〈제작노트〉

많은 소비자들이 유한킴벌리가 만든 제품이라면 안심하고 살 수 있다고 말한다. 그동안 꾸준하게 제품 품질 개발을 위해 노력해온 결과이기도 하지만, 유한킴벌리라는 기업에 대한 확실한 믿음이 만들어낸 결실이다. 그러한 믿음의 원천 중 첫 번째로 꼽을 수 있는 것이 '우리 강산 푸르게 푸르게' 캠페인일 것이다. 여유가 있을 때면 조금 시도하다가 금방 싫증을 내며 광고 방향을 바꾸어버리는 많은 기업 이미지 광고와는 달리 유한킴벌리는 공중의 이익을 위한 커뮤니케이션 활동을 지속적으로 수행해왔다. 즉 기업 차원을 넘어선 공익 차원으로, 공익 차원에서도 전 세계적으로 심각한 문제가 되고 있는 환경 문제를, 환경 문제 중에서도 부존자원이 극히 부족한 우리나라에서 우리의 후손까지 대대로 물려주어야 할 복합자원인 푸른숲에 초점을 맞추어 변함없이 캠페인을 전개해왔다. 이 캠페인은 구호에만 그치지 않았다. 50여억 원의 산림자원 조성 기금을 기탁하는 한편, 200만 평의 국가 소유 산림에 2,000만 그루의 다양한 수종을 심었으며, 약 40킬로미터의 임도를 개설하거나 보수하였다.
캠페인을 이토록 지속할 수 있는 배경에는 유한킴벌리 CEO의 각별한 환경 애호의 철학이 있다. 그는 숲 박사라는 별명을 자랑스러워한다.

에이비전 대표감독 신미경

• 영국 편 '오감체험'의 새와 관련된 에피소드

2001년 7월 유한킴벌리 회의실에서 PPM이 있었다.
촬영 콘티를 놓고 촬영 과정을 자세하게 설명(감독)
유한 킴벌리 CEO : 나뭇가지에 새가 앉아 지저귀고 나무 밑에서 새소리를 듣는 장면은 아름다운데 그 새를 어떻게 고정시켜놓고 찍을 건가요?
감독 : 투명하고 아주 가느다란 낚싯줄로 새의 다리를 묶어 나뭇가지에 연결해놓으면 촬영중 새가 날 수 없습니다.
유한 킴벌리 CEO : 절대 새를 괴롭혀서는 안 됩니다. 낚싯줄로 새의 다리를 묶는다는 건 잔인한 일이에요. 현지의 영국인 스태프를 고용하는 것으로 알고 있는데, 특히 출연하는 영국 어린이들이 킴벌리 CF인 줄 다 알 텐데, 자연을 사랑하는 캠페인을 제작하면서 거꾸로 동물을 학대하는 모습을 볼 때 어떻게 느끼겠어요. 다른 방법을 찾아보세요.
광고주의 확고한 자연사랑, 동물사랑 철학에 할 말을 잊고 물러났다. 선진국에선 동물을 촬영할 때 반드시 동물조련사(동물 연출가라 칭함)가 참여한다는 정보가 있었기에 본대(촬영팀)의 출발 일정을 늦추기로 하고 현지 코디네이터에게 섭외를 부탁했다.
영국인 동물 연출가의 개런티가 엄청나다는 답신이 왔다. 포유동물 전문은 쉬운 편이나 조류의 경우는 엄청난 기술을 요해 연출료가 비싸다는 것이다. 작품을 살리기 위해 엄청난 비용을 감수하기로 하고 현지로 날아갔다.
동물 연출가가 특유의 새 소리를 내며 수신호로 앉아 있던 새를 꼼짝 못하게 만드는 것이 아닌가? 마치 최면에 걸린 듯이…… 카메라 소리, 감독의 큐, 스태프들의 부산한 이동, 장비 이동시의 소음에도 신기하게 새는 그 자리에 앉아 있지 않은가!
3, 4초짜리 이 장면을 살리기 위해 엄청난 비용과 시간, 그리고 인력을 쏟아부었다. 다행히 화면이 제대로 살아 행복했다.

박카스 캠페인

① 신체검사 편

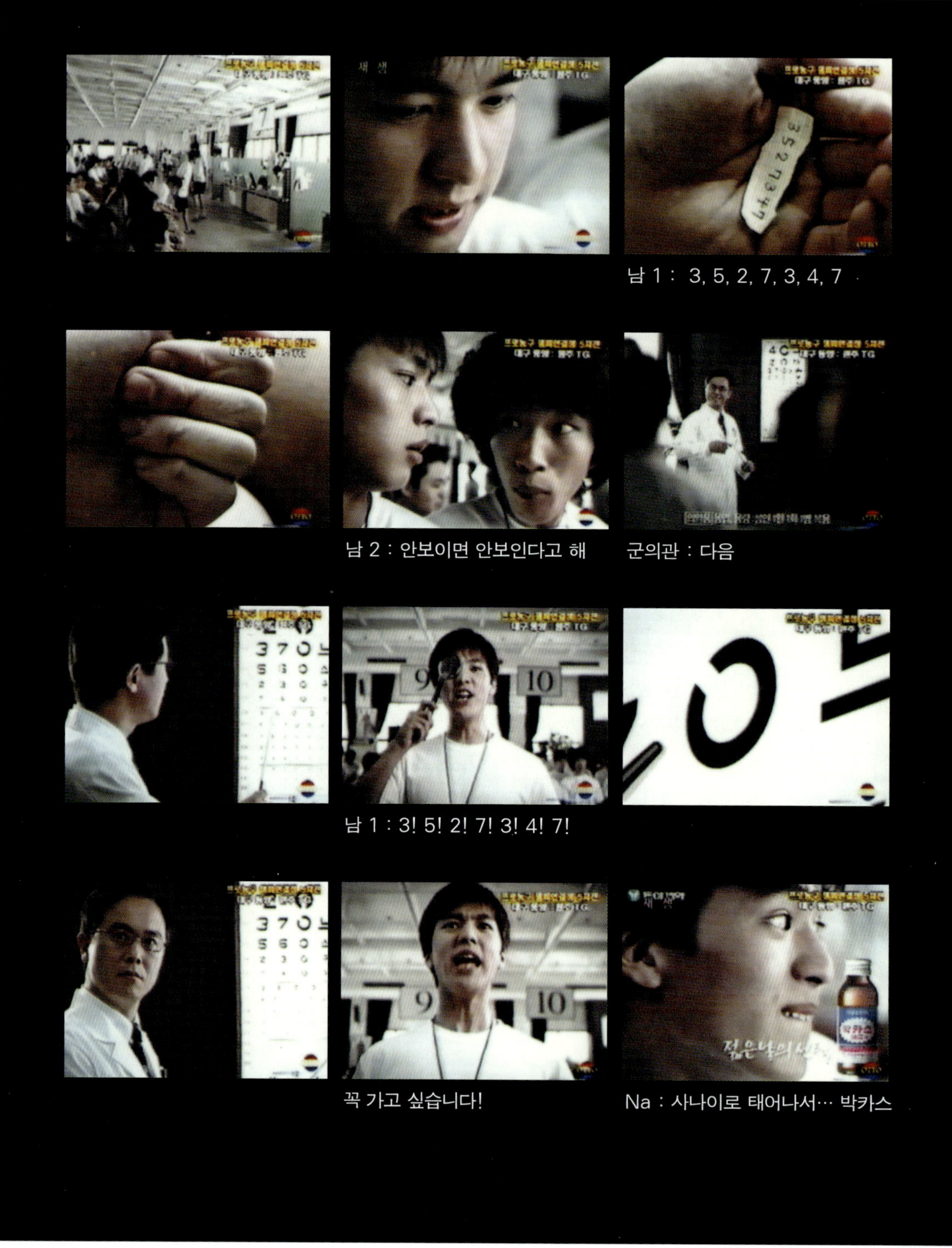

② 버스 편 2002. 8

남 1 : (친구를 손짓하여 부른다)

남 2 : 부지런히 뛰어 버스를 탄다.

남 1 : 태원아

남 2 : 인생은 왼쪽 오른쪽 흔들리면서 균형을 잡아가는 거야.

지금은 이쪽이다.

Na : 젊은날의 선택 박카스

〈기획노트〉

이른 아침 등교 버스에서 친구가 부르는 소리가 들린다. 부지런히 뛰어 버스를 따라잡는 데 성공한 남학생. 하지만 버스에 오르자마자 확 눈에 띄는 예쁜 여학생. 친구에게 갈까…… 잠시 고민한 그는 친구 대신 여학생의 옆자리에 앉는다. 창피함도 잠시, 그의 얼굴엔 금세 웃음이 번진다. 주변의 시선 때문에 감정을 숨기거나 하지 않고 속마음을 밝고 건강하게, 젊음의 아름다움을 표현하였다.

③ 첫 출근 편

남 1 : 형! 쫙 빼입고 어디 가?

남 2 : 아저씨, 저 오늘 첫 출근 해요.

아저씨 : 뭐하는 회사야?

남 2 : 조그만 회사예요.

아저씨 : 크기가 웬 상관이야, 가서 크게 키워.

남 2 : 예! 알겠습니다.

Na : 힘내세요! 꼭! 박카스

STAFF
대행사 : MBC 애드컴
기획 : 임영식
제작 : 드림스컴트루
감독 : 김영철

〈기획노트〉

모두가 새로운 것을 좇아 정신없이 달려가는 디지털 시대이지만, 박카스는 완성도 높은 아날로그 스타일의 광고전략을 고수하고 있다. 지나친 효과연출 등 가식적인 부분의 배제, 누구나 공감할 수 있는 일상과 무명 모델의 선택, 오래 기억에 남는 감성적 소구 등이 이른바 박카스 스타일이라고 부를 수 있는 것들이다.

2002년부터 전개된 '젊은날의 선택 캠페인'에서는 오늘을 사는 젊은이들의 고민과 의미 있는 선택을 찾는 솔직한 행동, 그리고 민감한 사회적 이슈를 광고소재로 삼기도 했다. 이런 솔직하고 의연한 자세가 오히려 만만치 않은 젊은 타깃들 사이로 파고들 수 있는 힘으로 작용하고 있다.

대중적이고 리얼리티와 인간미가 듬뿍 넘치는 한국형 박카스 광고는 요즘같이 디지털이 난무하는 시대에도 완성도 높은 '모던 아날로그 스타일'을 유지하고 있다. 난이도가 높은 제작이지만 그만큼 오랜 감성의 잔상을 남겨 광고효과의 측면에서도 차별화된 결과를 보였다.

현대 젊은이들의 알 수 없는 시대적 신비주의를 반영하는 광고를 TTL 스타일이라고 한다면, 변함없는 정서적 가치를 제시해 보는 이들을 뿌듯하게 만드는 광고 스타일의 또 다른 아방가르드는 바로 박카스인 셈이다.

박카스 광고 캠페인의 제작지침에는 일상적이며 누구나 공감할 수 있는 상황일 것, 지나친 기계적 효과나 CG 등 가식적인 요소들을 가능한 한 배제할 것, 반전과 재미, 그리고 의미상의 잔상이 있을 것, 주위에서 흔히 볼 수 있는 건강한 이미지의 무명 모델을 쓸 것 등이 있다(실제로 매번 500명 이상의 지원자 중에서 캐스팅된다). B.G.M도 가능한 한 기교 없이 밝고 경쾌하며 희망적인 가사를 다룬 곡 위주로 선정하여 신선한 느낌을 살리기 위해 최선을 다한다.

1차 커뮤니케이션 타깃인 젊은 세대는 결코 만만치 않은 대상들이다. 그들에게 어설픈 형태로 가치를 제시했다가는 바로 감성적 괴리감과 커뮤니케이션 난반사로 이어지기 쉽다. 그만큼 보이는 것, 들리는 것, 느껴지는 것 등을 감성적인 요소 하나하나에 적절한 임팩트와 리얼리티, 그리고 재미를 배분하여 디테일을 살리는 것이 매우 중요하다.

2002년부터 박카스가 제시한 젊은 가치에 대한 광고 콘셉은 바로 '젊은날의 선택'이다. 이는 소신과 의지, 그리고 도전과 희망으로 자기 인생을 선택할 수 있는 것이야말로 또 하나의 젊음의 가치라는 개념에서 출발했다. 이를 바탕으로 박카스 캠페인은 사회 공익적 메시지에서 보다 젊음 쪽으로 기울기를 시도하기에 이른 것이다.

하대호(MBC 애드컴 커뮤니케이션 3본부)

08_기업광고형institutional ad

KCC

포스코

CJ

교보생명

프로스펙스

영창피아노

KCC 2004. 2

자막 : 차돌에서 실리콘을 만드는 KCC의 첨단기술

Na : 돌 하나로 세상을 밝히는 기술이 있습니다.
우리 손으로 이룬 실리콘 생산의 꿈
기술이 큰 기업 KCC

STAFF
대행사 : 금강기획
기획 : 김영휘
제작 : 모비딕
감독 : 김찬

〈기획노트〉

유명한 신디사이저 연주가이자 작곡가인 반젤리스의 음악이 흐르는 가운데 많은 자갈밭 사이에서 하나의 자갈이 빛을 발하기 시작한다. 이때 들리는 멘트.

"돌 하나로 세상을 밝히는 기업이 있습니다."

밝아진 돌 주변에 있던 돌들이 연이어 빛을 발하며 해안가를 따라 파도치듯 퍼져나간다. 곧이어 "우리 손으로 이룬 실리콘 생산의 꿈"이라는 멘트가 들리고, 해안가 끝자락에 빛의 바통을 이어받은 첨단 도시가 화려하게 빛나고 "기술이 큰 기업 KCC"라는 멘트로 광고는 마무리된다.

이전의 KCC 광고들과는 차별되는 고품위의 광고라는 의견이 지배적이었으며, 규모가 느껴진다, 따뜻함이 느껴진다, 돌에 불 들어오는 것이 아름답다, KCC의 기술력이 느껴진다 등등.

고려페인트 도미노 편에 이어서 KCC 광고 역사에 남을 만한 광고를 만들기 위해 금강기획 기획팀과 제작팀, KCC 홍보팀은 실리콘이란 무엇인가? 실리콘은 우리에게 어떤 의미인가? 실리콘 모노머(monomer) 합성은 무엇인가? 실리콘 상업생산이 우리에게 주는 의미는? 우리 산업 전반에 끼치는 영향은? 실리콘이 없다면 우리의 삶은? 등등 수많은 질문과 해답 찾기에 오랜 시간을 매달렸다. 거의 8, 9개월을 실리콘과 씨름하였다고 할 수 있을 것이다. 그러자 모두 실리콘 전문가가 되어버렸다. 그 실리콘 전문가들이 모여 내린 결론은 '실리콘은 어렵다' 였다. 몇 개월에 걸친 연구 끝에 실리콘이 무엇인가를 이제 겨우 알아가게 된 그들은 15초라는 짧은 광고 안에 실리콘이 무엇인지, 그 의의가 무엇인지를 시청자들이 잘 알아듣게 이야기하는 것은 불가능한 것이라고 생각했다. 그래서 실리콘을 이야기하기보다는 실리콘 상업생산에 성공한 KCC의 노력이 우리에게 주는 의의가 무엇인가를 생각했다. 그리고 찾아낸 한마디로 KCC 실리콘 상업생산의 의의를 한껏 자랑할 수 있었다.

"돌 하나로 세상을 밝히는 기업이 있습니다."

돌에 불이 들어오는 장소는 자갈밭으로 이루어진 해안가로 정하고, 백령도와 완도 등 국내 유명한 자갈밭으로 이루어진 해안가를 누빈 끝에 완도 끝에 있는 '구계등' 을 최적의 장소로 정했다. 해외 유명 해안가도 생각해보았지만 국내 기술 개발이라는 의의를 생각하여 한국의 명소를 찾아보기로 하였다. 그 결과 구계등은 그것을 만족시켜주는 최적의 장소였다. 구계등의 어원은 9개의 계단이라는 뜻을 가지고 있는데 밀물 때는 그 장관이 잘 보이지 않지만 썰물 때는 바닷가 자갈밭이 9개의 계단 층을 이루기 때문에 붙여졌다고 한다.

겨울 바다의 매서운 칼바람을 맞으며 구계등에 수많은 돌 모양의 몰딩을 심고 불을 켰다. 그 순간, 온 해안가를 뒤덮는 빛의 향연이 펼쳐졌다.

이제 남은 것은 TV에 방영하는 것이었다. 그런데 예상치 못한 복병이 우리를 괴롭혔다. 바로 심의였다. 방송 심의를 사전에 받아야만 TV에 방영할 수 있는데 심의실에서 예상치 못한 질문들로 심의를 보류하였던 것이다.

돌에서 실리콘을 만들어낸다는 것과 KCC 자체 기술로 실리콘 생산에 성공했다는 것, 그 두 가지를 증명해 보이라는 것이었다. 기술개발 특허출원 자료와 기타 많은 자료들을 가지고 증명하려고 노력했지만 심의실에서는 그걸로는 모자란다며 내부연구 보고실적 및 자료들을 증빙서류로 제시하라고 하였다. 그래서 결국, 대외비인 그 자료들을 연구원을 대동하여 심의위원 앞에서 강의를 함으로써 우여곡절 끝에 TV 원안 그대로 방영할 수 있게 되었다.

금강기획 AE(Account Executive) 김지형

포스코

① 유니세프 편 2002. 5

〈기획노트〉

아스라이 지평에 서 있는 티베트 사원 앞에서 소년들이 공을 차는 익스트림의 오프닝 장면은 작은 TV 영상에 있어 '상상의 지역' '여운의 지역' 으로 이미지 라인 아웃(image line out) 수법이라 한다. 영상물에서 원칙적인 프레임, 즉 구속의 틀이란 존재하지 않는다. 스크린이든 브라운관이든 영상을 담아주는 좌우, 상하의 끝은 프레임이 아닌 이미지의 선으로 간주된다.

* 쥬(Zoo) 프로덕션 대표 감독 김종원은 클로즈업과 빠른 편집으로 흐르는 요즈음의 CF 연출기법과는 반대로 롱테이크(long-take)와 극단적인 롱 샷(extreme long shot), 느린 카메라 워크를 통해 서정적인 영상을 추구한다.

② 글로벌 케어 편 2001. 8

Na : 기다림도 만남도 철이 있어 가능합니다.
소리 없이 세상을 움직입니다. 포스코

③ 친구 편

Na : 먼 길, 험한 길… 묵묵히 손잡아 주는 친구처럼
소리 없이 세상을 움직입니다. 포스코

〈기획노트〉
Fe(철) → Friend(친구)

포항제철의 '소리 없이 세상을 움직입니다' 라는 일련의 캠페인에서 철이 안 보인다. 훈훈한 사람들의 표정들이, 정겨운 사람들의 세상살이가 펼쳐진다. 글로벌 기업답게 국내는 물론 후미진 아프리카, 남미, 티베트까지 소리 없이 다가간다.
대단위의 포철 단지를 항공 촬영하면 그 위용이 대단할 텐데도, 부글부글 끓고 있는 고로에서 쏟아지는 붉은 쇳물도, 완제된 철골, 강판들이 굉음을 울리며 쏟아져 나오는 장면도, 포철이 쏟아낸 철로 만든 대형 선박, 비행기, 빌딩, 자동차들도 포철의 기업광고에는 안 보인다. 소리 없이 친근한 소재인 일상을 아기자기하게 보여줄 뿐이다.
철을 나타내는 'Fe' 라는 기호가 'Friend' 라는 단어로 변하는 자막은 친구 같은 기업이라는 이미지를 표현한다. 책가방이 걸린 기다린 막대기를 어깨에 얹고 한적한 산길을 걸어가는 두 소년. 앞서가는 키 작은 친구에게 가방이 쏠려 혹시나 무거울까 걱정돼 친구 모르게 가방을 살짝 자기 쪽으로 당겨주는 뒤쪽 소년. 두 소년의 싱그러운 모습을 포스코의 기업 이미지와 연결해 본다.

• 기본 카피

먼 길 험한 길
묵묵히 손잡아주는 친구가 있습니다.
아무리 멀고 험한 길이라도 친구와 함께라면 힘들지 않습니다.
서로 바라보는 높이가 달라도 함께 하는 마음은 같기 때문입니다.
함께 짊어진 가방이 앞에 가는 친구의 어깨를 무겁게 하지는 않을까?
말하지 않아도 알아주는 든든한 친구가 곁에 있기 때문입니다.
친구의 마음처럼 든든하게 포스코가 함께 합니다.

상기 문안은 신문, 잡지용 기본 카피로서 15초용 CF에서는 축약하여 여운을 살렸다.

CJ 물감놀이 편

〈기획노트〉

제일제당이 CJ로 회사 이름을 바꾼 후 처음으로 기업홍보 CF를 내놓았다. 'CJ 안에서 즐기세요' 라는 새 슬로건이 물감을 가지고 노는 아이들의 천진난만한 모습으로 나타난다. 경쾌한 음악이 흐르면 네 살 정도의 아이들이 화면에 클로즈업 된다. 여러 나라에서 온 수십 명의 아이들은 바닥에 널려 있는 빨강 파랑 노랑 물감을 이용해 장난을 하느라 여념이 없다. 서투른 몸짓으로 흰 바닥에 그림을 그리는 아이들이 지나간 곳에는 어김없이 앙증맞은 발자국이 찍힌다. 이리저리 튀는 물감 때문에 아이들의 얼굴도 색색으로 물든다.

컬러 속에서 아이들의 꾸밈없는 놀이는 상상력, 꿈, 다양한 창의력 등 CJ의 기업 이미지와 연결된다. 서로 엉켜 한참 동안 놀던 아이들이 썰물처럼 빠져나가면서 카메라는 멀어진다. 이어 아이들이 그린 그림이 CJ의 꽃잎처럼 로고로 변한다.

교보생명 2004. 3

Na : 마음의 힘이 되는 친구의 노래처럼 교보생명

〈제작노트〉

얼어붙은 경기침체 속에서 아버지들이, 형제들이, 젊은이들이 실직 · 명퇴 · 정리해고되어 암울한 나날을 보내고 있다. 얼어붙은 이들의 마음에 힘이 되는 친구의 노래처럼, 교보생명의 따뜻한 응원가가 작품의 주요 메시지 내용이다.

각계에서 성공한 전문가들, 명망 있는 유명인사들이 출연하는 것이 금융권 광고의 모델 전형이다. 교보생명은 이 틀을 깨고 새로운 모델상인 최민식을 찾아냈다. 최민식은 분명 스타지만 기름기가 없는 텁텁한 인간미가 진솔한 캐릭터였다.

소박한 이미지의 최민식이 친구와 술 한잔 나누고 터벅터벅 걸어간다. 하지만 친구는 여전히 우울하다. 명퇴권고라도 받은 것일까. 어깨에 손이라도 얹고 위로해주고 싶지만 친구의 입이 쉽게 열리지 않는다. 뭔가 결심한 듯 친구의 얼굴을 쳐다보며 최민식이 느닷없이 "거치른 벌판으로 달려가자~" 하는 김수철의 노래를 부른다. 그제야 친구도 피식 웃음을 짓고 최민식을 툭 친다. 짧은 순간이지만 친구를 안쓰럽게 바라보는 최민식의 표정 연기가 오랫동안 가슴을 울린다. 촬영 장소는 인사동, 행인이 뜸해진 자정 넘어서 슈팅했는데 틈틈이 최민식은 주변의 노숙자들에게 스스럼없이 말을 거는 등 소탈한 모습을 보였다.

촬영 당시에는 김수철의 〈젊은 그대〉뿐 아니라 봄여름가을겨울의 〈어떤이의 꿈〉, 조하문의 〈해야〉, 들국화의 〈사노라면〉 등 10여 곡을 불렀다. 그러나 촬영 후 소비자들을 대상으로 조사한 결과 〈젊은 그대〉가 단연 선호도가 높았다.

프로스펙스 우리를 지킵시다 편 1994. 10

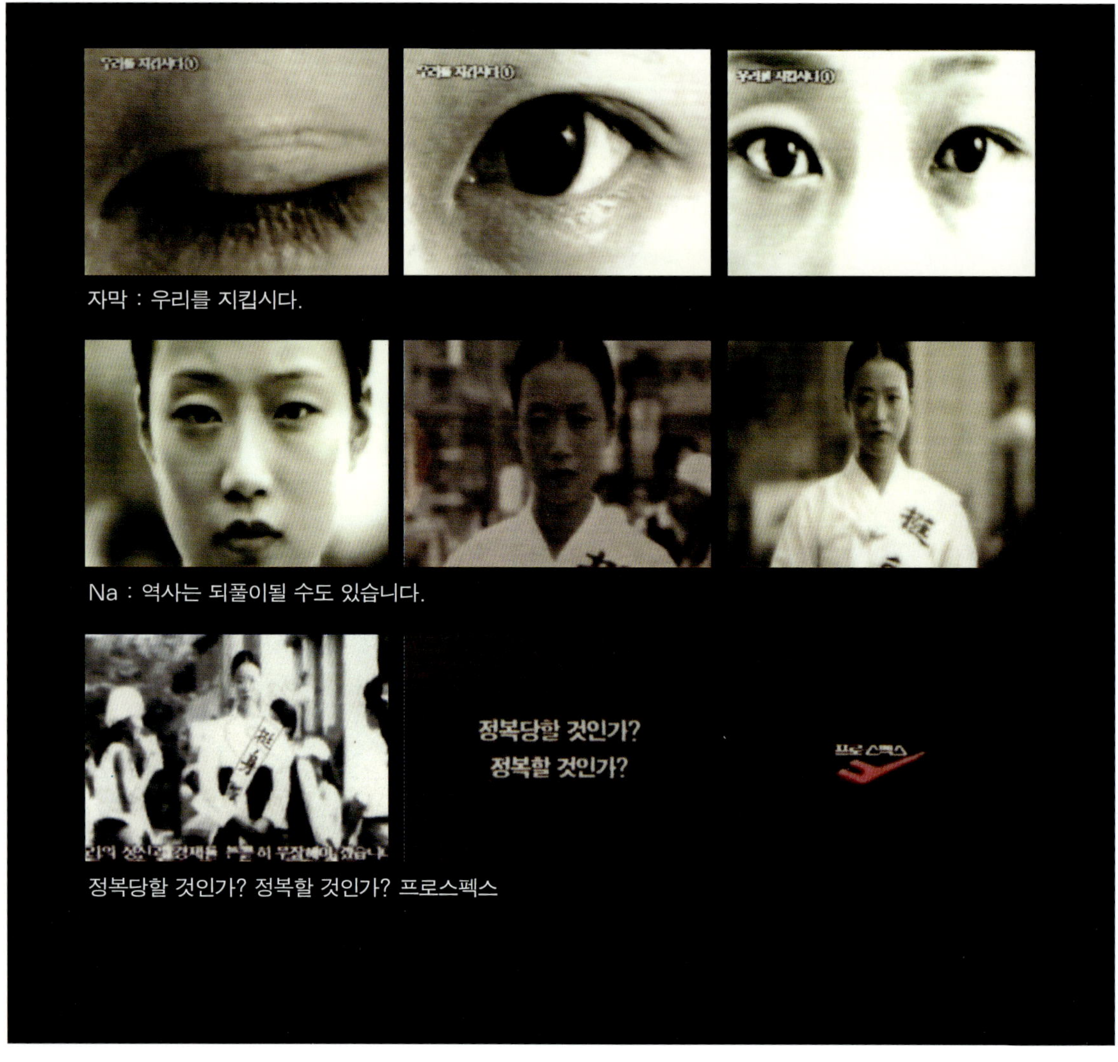

자막 : 우리를 지킵시다.

Na : 역사는 되풀이될 수도 있습니다.

정복당할 것인가? 정복할 것인가? 프로스펙스

〈기획노트〉

10년 전, "정복당할 것인가? 정복할 것인가?"라는 프로스펙스의 캠페인. 서울 압구정동 거리를 배경으로 종군위안부 띠를 두른 한복 차림의 소녀를 전면에 내세워 충격을 주었다. 당시 이 광고를 놓고 찬반양론이 불거졌다. "아픈 역사를 상업적인 도구로 이용했다"는 비난과 "소재의 금기를 깼다"는 옹호의 의견이 맞섰다. 위안부라는 대단히 예민한 주제를 건드렸음에도 불구하고 논란의 벽을 뛰어넘은 비결은 무엇일까? 일단 명분 쌓기에 성공했다. 일제 강점기 같은 치욕적인 역사를 뒤풀이하지 말자며 외국산 제품과 경쟁중인 국산 브랜드를 애용해줄 것을 호소했다. 이 논리는 설득력 있는 대의로 다가갔고, 상업성의 혐의를 뒤덮는 효과를 발휘했다.

영창피아노

① 평화의 소리 빈 소년합창단 편 1994

〈제작노트〉

이 작품은 광고주를 설득하는 어려움보다는 빈 합창단의 섭외가 힘들었다. 합창단은 노골적인 상업성을 띤 CF에는 절대 출연 불가능하다고 단호히 거절하였다. 영창피아노의 광고대행사인 LG 애드의 끈질긴 구애 끝에 일단 스토리보드와 기획의도, 연출안을 보내주면 검토해보겠다는 사인이 왔다. '평화의 소리' 캠페인의 일환으로서 직설적인 제품(영창피아노) 광고가 아닌 일종의 기업광고 성격이란 점이 공감을 얻어 승인 신호가 왔다. 촬영에 들어가기 전 선편으로 수송되어온 피아노(영창) 건반을 쳐본 합창단 대표는 감탄사를 연발하면서 "이 피아노가 정말 코리아에서 만든 것이냐?" 하면서 몇 번이나 묻는 것이었다.

'영창피아노의 광고' 노래도 소년합창단에게 꼭 어울리는 멜로디여서 즐거운 분위기에서 촬영할 수 있었다.

PD 양기원

② 평화의 소리 보스니아 편 1996

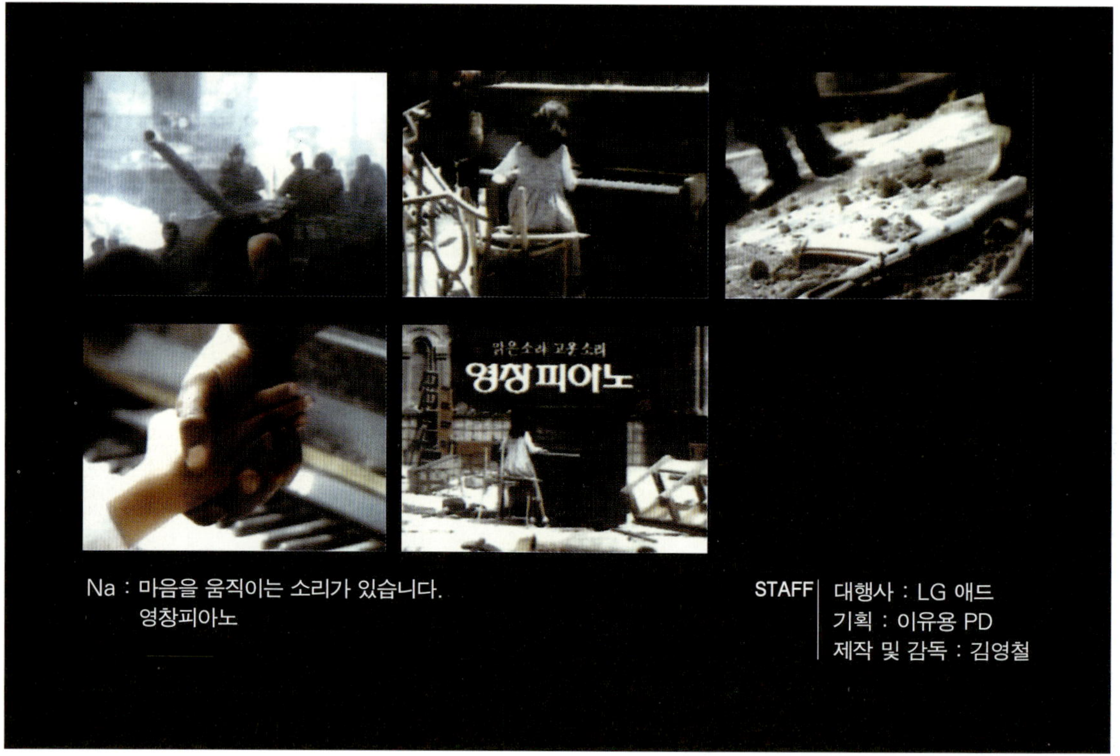

〈제작노트〉

5개월간의 긴 광고주 설득 과정을 통해 촬영에 들어갈 수 있었던 영창피아노 TV CM 평화의 소리 편이다.

분쟁 지역을 소재로 한 이번 CF의 본격적인 제작에 들어간 것은 지난 7월 초의 일이다. 가장 먼저 해결해야 했던 문제는 바로 코디 업체의 선정이었다. 주어진 예산 내에서 최상의 질을 보장해줄 수 있는 코디 업체 선정을 위해 여러 업체의 헌팅 지역 사진과 견적을 받아보았고, 그 중 오데사 필름이 선정되었다.

프랑스 현지 코디 업체인 오데사는 탱크, 군인, 엑스트라, 촬영지 헌팅에서 견적에 이르기까지 우리가 원하는 모든 것을 잘 맞추어줄 수 있을 것으로 생각되었고, 이에 따라 제작팀은 본격적인 사전 준비 작업에 들어갔다.

이번 영창피아노의 콘셉은 바로 '평화의 소리'이다. 내전으로 폐허가 된 보스니아의 도시 속, 지쳐 있는 군인들이 어디선가 들려오는 피아노 소리에 이끌려 수색에 나서게 된다. 잠시 후 폭격에 의해 지붕이 날아간 성당 안에서 해맑은 소녀의 피아노 치는 모습을 보게 되고 이에 감동한 군인들이 총을 버린다는 내용이다.
따라서 이번 촬영에 없어서는 안 될 것이 바로 폐허가 된 도시와 군인, 민간인 엑스트라, 탱크, 헬기 등 다름 아닌 전쟁 그 자체의 모습이었고, 위험을 무릅쓰더라도 분쟁이 계속되고 있는 체첸이나 그 외의 분쟁 지역을 촬영지로 정하고 싶었다.
그러나 촬영 중 가장 중요한 요소는 스태프들의 생명이 걸린 문제이기 때문에 섣불리 우리 마음대로 결정할 수 있는 상황이 아니었다. 그러던 중 오데사에서 반가운 소식이 팩스로 날아왔다. 러시아에 편입되어 있다가 얼마 전 분리 독립한 아르메니아공화국에 촬영지로 적합한 전쟁 폐허가 있다는 내용이었다. 몇 년 전 분쟁을 겪었고 강도 7.5가 넘는 대지진으로 인해 도시 전체가 폐허가 되어 전쟁터의 분위기와 유사한 상태로 방치되어 있다는 반가운 소식이었다. 거기에 영화산업이 상당히 발달되어 있는 러시아의 국영 영화사를 현지의 민간인 사업가가 사들여 아르메니아 정부와 공동운영을 하고 있어 촬영에 필요한 장비, 노하우 및 제작진 모두가 현지에 있다는 전문을 받고 곧바로 헌팅 장소의 사진과 상세한 견적을 요구했다. 그러나 며칠 후 날아온 현장의 사진은 우리의 기대 수준에 훨씬 못 미치는 것이었다. 전화를 걸어 확인해보니 이번 촬영 건을 위해 일부러 도심의 폐허를 촬영한 사진이 아닌, 보관중인 자료를 급히 보낸 것이니 걱정 말고 우리를 믿어달라는 현지 코디의 간곡한 목소리였다. 다급해진 우리는 일단 헌팅 장소로 출발하기로 하고, 광고주, 감독, 팀장, 그리고 필자가 헌팅 팀으로 구성되어 현지로 출발하게 되었다.
파리에 도착한 헌팅 팀은 제일 먼저 내전이나 전쟁에 관한 스톡 필름(stock film) 선별 작업에 들어갔다. 전쟁의 처참한 분위기를 직접 연출하기는 어려울 것으로 판단한 헌팅 팀은 CM의 도입부를 자료화면에 의존할 수밖에 없을 것으로 결론짓고, 출발 전에 미리 자료 화면의 확보를 요청해놓은 상태였다.
그러나 아무리 찾아보아도 촬영 콘티와 유사한 장면이나 분위기가 일치하는 화면은 찾을 수가 없었다. 있다고 해도 필름의 보존 상태나 화질이 좋지 않아 사용이 불가능한 상태였다.
이렇게 영창피아노의 광고 제작은 출발부터 커다란 어려움을 겪게 되었다. 방법은 한 가지뿐. 위험부담은 있지만 모든 것을 직접 촬영하는 수밖엔 별다른 방법이 없다는 결론이었다.
솔직히 말해 필자에게 이번 촬영은 해외에서 진행하는 처녀 출장이었고, 또한 노하우가 풍부한 미국이나 호주 등에서의 촬영이 아닌 생전 처음 접해보는 미지의 나라에서의 촬영이었다. 게다가 실전에 가까운 전쟁 상황을 찍어야 한다는 두려움은 무거운 책임감과 함께 필자의 두 어깨를 짓눌러왔다.
드디어 헌팅 팀은 이름도 낯선 아르메니아를 향해 비행기에 올랐다. 오토바이 엔진 소리보다 더 큰(귀청을 찢는 듯한) 소음과 비행기 창틀 사이로 스며드는 물이 바닥으로 떨어지는 고물 비행기 속에서 승객들은 짐과 뒤범벅이 되어 땀을 비 오듯 흘리고 있었다. 게다가 좌석 번호가 없는 비행기라서 먼저 탑승한 승객들이 자신들의 바로 앞좌석 등받이를 숙여놓고 발을 뻗고 있는 등의 행패를 부리는 바람에 앉을 자리가 없어 서서 비행기를 타고 가는 사람들도 있었다.

한국에서는 상상조차 할 수 없는 입석 비행기가 이륙을 시작한 순간, 아니나다를까 기체의 흔들림을 이기지 못한 머리 위 에어컨과 조명 콘솔 박스가 승객들의 머리로 우수수 떨어져 내렸다. 이것을 보고 웃어야 할지 울어야 할지 정말로 어이가 없었다.

지금 와서 생각하니 재미있지만 그 상황에서는 정말로 죽을 맛이었다. 이렇게 해서 서울을 출발한 지 3일째 되던 날 말로만 듣던 아르메니아의 수도 예레반에 위치한 국제공항(말로만 국제공항이지 우리나라의 속초 공항에도 못 미치는 수준임)에 무사히 도착했다.

우리를 마중 나온 아르메니아 영화 공사 사장이 입국 수속으로 초만원을 이루고 있는 인파 속에서 우리를 VIP 룸으로 안내해주었다. 그도 그럴 것이 현지 농림부 장관의 초청으로 비자를 받은데다 러시아에서 분리 독립한 후 설립된 아르메니아 영화사가 처음으로 일할 수 있는 계기를 마련해준 우리 헌팅 팀은 범국가적인 귀빈임에 틀림없었다.

북새통을 이루고 있는 공항을 검사 한번 받지 않고 유유히 빠져나온 우리는 곧바로 헌팅지인 규무리로 향했다. 수도에서 약 100킬로미터 떨어져 있는 이곳을 향하는 도로 곳곳에는 폭격을 당한 웅덩이가 즐비해 자칫 잘못하면 차가 전복될 수도 있는 악조건의 도로 위였음에도 현지의 운전기사 아저씨는 레이싱을 즐기듯 거칠게 달려나갔다.

이윽고 도착한 규무리. 하늘이 도운 것일까? 유령도시 같은 이곳에 독일의 구호단체가 설립, 이제 막 문을 열었다는 병원과 의료진을 위한 호텔이 우리를 기다리고 있었다. 그 덕분에 당초 걱정했던 것과는 달리 편안한 잠자리와 식사를 제공받을 수 있었다. 다른 투숙객이 있을 리 없는 이곳의 지배인은 아무 방이나 마음에 드는 방에서 쉬라고 말해주었고, 우리들은 호텔 전세를 낸 듯 이 방 저 방을 어질러놓고 다녔다.

다음날부터 본격적인 촬영장소 헌팅, 촬영장소 점검, 대소도구 점검, 동원 가능한 군 병력의 섭외, 민간인 모델 및 메인 모델의 선택 등 한 가지 한 가지 꼼꼼하게 체크해나갔다.

현지 민간인 엑스트라와 군인, 탱크, 헬기 등이 동원되어 전쟁 상황을 리얼하게 묘사했다.

폐허가 된 도시는 그야말로 할리우드의 대형 야외 세트장을 옮겨놓은 듯 우리가 원하는 모든 조건을 갖추고 있었고 탱크, 헬기, 수송트럭 구급차 및 전쟁 소품 일체의 대여가 가능했다. 그곳 현지에 주둔하면서 지금도 내전 진압 등의 임무를 수행하고 있는 러시아 특수부대(일명 붉은 전갈부대)의 우호적인 협조 아래 모든 일이 순조롭게 진행되었다. 게다가 마음에 드는 건물이 있으면 탱크로 부수어줄 수도 있다며 말만 하라고 하니 일이 너무 잘 진행되는 것 같아 불안할 정도였다.
이렇게 촬영을 위한 준비 작업이 순조롭게 진행되어 갈 무렵 우리는 이번 프로젝트에서 가장 중요한 부분의 하나인 주인공 소녀 모델의 오디션을 위해 규무리를 출발, 수도인 예레반으로 향했다.

200명의 현지 소녀 중 최종 선발된 모델 Assia (7세)는 얼굴에 우수 어린 애조가 배어 있다.

장소는 도심에 위치한 오페라하우스. 한 명의 모델을 뽑으려는 이곳에 벌써 몇 시간 전부터 부모님들의 손을 잡고 나온 아이들로 가득 차 있었다. 제품이 제품이니만큼 피아노 연주는 기본이고 특별한 연기 주문 없이도 얼굴에 우수 어린 애조가 배어 있어야 했기 때문에 헌팅 팀 모두는 신중에 신중을 기하여 선별작업에 들어갔다. 심사숙고 끝에 약 200명의 어린이 가운데 최종적으로 한 명의 모델을 선발하게 되었다.
이렇게 해서 모든 헌팅 일정을 끝마친 우리는 당초 기대보다 더 큰 수확을 얻고 무사히 귀국할 수 있었다. 이제 막 헌팅을 끝냈을 뿐인데 긴 여로로 인해 몸은 이미 지칠 대로 지친 상태였다. 하지만 여기서 일의 고삐를 늦출 수는 없었다. 상세한 헌팅 내용을 골조로 하여 촬영 콘티를 수정하였고, 일정 및 견적을 보다 구체화하였으며, 이 결과를 토대로 최종 PPM을 가져 드디어 촬영을 위한 대단원의 막을 열게 되었다.
촬영을 위한 인원을 최소한으로 줄이기로 결정한 우리들은 출발 팀을 모두 8명으로 구성했다. 여기에 프랑스 현지 코디 4명, 아르메니아측 현지 로케이션 매니저와 사진작가 각 1명이 파리에서 촬영 팀과 합류하였다.
호텔에 여정을 푼 스태프들은 곧바로 촬영장소의 정확한 앵글과 광선상태에 따른 컷별 촬영 시간대를 세밀히 체크, 촬영 순서를 정해나갔다. 그 이유는 프랑스에서 공수해오기로 했던 피아노와 촬영 장비인 대형 달리가 아직 촬영 장소에 도착하지 않은 상태였기 때문에 제품이나 달리 없이 먼저 찍을 수 있는 컷을 분류, 촬영함으로써 시간의 낭비를 최소한으로 막기 위해서였다.
곧이어 촬영 장비의 각종 대소도구 및 소품의 체크에 들어갔다. 먼저 촬영 소품으로 등장할 탱크의 상태를 확인하기 위해 탱크 화력 시범장으로 향했다. 그런데 우리가 와서 군인들이 긴장한 탓인지 발사명령이 하달된 탱크에서 포가 발사되질 않았다. 화가 머리끝까지 오른 사령관이 탱크 위로 올라가 포병을 향해 마구 소리를 지르고 있던 바로 그 순간, 느닷없이 포신에서 '꽝' 하는 소리와 함께 땅이 흔들렸다. 100미터나 떨어진 곳에서 관전하고 있던 촬영진 모두는 귀청이 찢어질 듯한 탱크의 포 소리에 깜짝 놀라지 않을 수 없었다.
원래 탱크의 외부에 사람이 서 있을 경우에는 포를 발사할 수 없다는 규정이 있다고 한다. 그러니 탱크 위에 서 있던 사령관은 얼마나 놀랐을까? 아무튼 휘청거리며 내려오는 사령관이 탱크

속의 사병을 노려보는 것 같았다. 그런 사건이 있은 후 촬영이 진행되는 동안 그 병사의 모습은 보이질 않았다. 아마 우리 때문에 총살이라도 당하지 않았나 걱정스럽다.

슈팅이 있기 바로 전날 나는 제품과 촬영 장비인 달리가 제 시간에 도착할 수 있도록, 촬영이 진행되는 동안 스태프들이 안전사고 없이 무사할 수 있도록, 그리고 짧은 촬영기간 동안 맑은 날씨가 계속될 수 있도록 하느님께 간절히 기도드렸다.

촬영 당일, 드디어 액션 사인이 떨어졌다. 하늘에 헬기가 지나가고 탱크와 군인들이 진격해오면 시민들이 이리저리 도망가는 모습, 이와 함께 포탄의 화염이 하늘로 솟아오르는 톱(top) 컷의 촬영이 시작됐다.

이 모든 것이 동시다발적으로 일어나야 하는 상황이었으나 감독의 액션 사인을 전달하려면 헬기와 탱크, 그리고 특수효과 팀에게 무전기로 신호를 보내야만 했고, 군인과 민간인 엑스트라에게도 액션 사인을 보내야 했지만 제대로 전달될 리 없었다. 시간은 자꾸 지나가고 준비해둔 폭약, 탱크와 헬기의 기름도 동이 나기 시작했다.

단 3일뿐인 촬영 일정이었지만 안 찍고 넘어갈 수는 없는 중요한 컷이었기에 수없는 시행착오를 거듭하면서 찍고 또 찍는 수밖에 별 도리가 없었다. 결국 하루를 오직 한 신을 찍기 위해 모두 허비해버리고 만 촬영 팀 모두는 조금씩 조바심이 나기 시작했다.

거기에 더 불안을 가중시킨 이유가 있었다. 그것은 바로 전쟁 상황에서 없어서는 안 될 특수효과였다. 이번에 특수효과를 담당한 사람은 러시아인 폭파전문 특수효과 맨인 유라. 그는 촬영이 시작되던 당일 매우 늦게 촬영 장소에 나타나 근엄한 표정으로 무게만 잡고 있었다. 하지만 스태프들은 '프로는 뭔가 다르구나' 하고 그를 믿고 있었다. 그런데 이게 웬일인가. 액션 사인이 떨어지자 포탄이 터져야 할 장소에서 마치 코미디물에서 산신령이 등장할 때나 피어오르는 흰 연기만 몽글몽글 올라오는 것이 아닌가. 그 후로도 그는 수없이 많은 NG를 계속 내며 소중한 시간과 필름을 허비하게 만들었다.

이처럼 국적이 다른(러시아, 아르메니아, 프랑스, 미국, 한국) 스태프들이 함께 모여 진행했던 이번 영창피아노 CF 제작은 그야말로 불안의 연속일 수밖에 없었다.

하지만 촬영장의 분위기만은 그렇지가 않았다. 촬영을 구경하려는 군중들로 장사진을 이룬 규무리 시내는 마치 축제가 벌어진 듯했다. 그도 그럴 것이 거리 전체를 막고 전쟁과 다를 바 없는 상황을 연출하는 모습은 필자도 본 적이 없는 압권이었다. 거기에 우리의 촬영 취지를 들은 그곳 국영 방송사 간의 치열한 취재경쟁까지 벌어져, 그들은 우리가 가는 곳을 그림자처럼 따라다니며 일거수일투족을 카메라에 담았다.

나중에 들은 이야기지만 그곳 방송사에서 이번 영창피아노 광고 촬영진을 소재로 1시간짜리 특집 다큐멘터리를 제작해 방영했다고 하니 이 나라의 열기를 가히 미루어 짐작할 수 있을 것이다.

시간이 지날수록 국적이 다른 스태프들 간에 손짓 발짓만으로도 의사소통이 잘 되어 촬영 또한 순조롭게 진행됐다. 잠깐의 휴식 시간이라도 생기면 어김없이 피아노 주위로 몰려와 피아노를 연주하는 현지 스태프들과 군인들의 모습을 바라보면서 음악은 역시 만국의 공통어라는 사실을 다시 한번 실감하게 되었다. 그런데 한 가지 놀라운 사실이 있었다. 그곳엔 걸어다니는 사람이라면 남녀노소를 불문하고 누구나 피아노를 칠 줄 안다는 사실이었다. 겉으로 보기엔 조금은 궁핍해 보이는 모습들이지만 음악을 대하는 이들의 순수한 모습은 필자 자신뿐만 아니라 우리 모두를 부끄럽게 만들었다.

촬영에 함께 참여한 아르메니아 주둔 군인. 러시아 붉은 전갈부대(red scorpions).

대학에서 작곡을 전공했다는 말을 전해들은 현지 스태프들이 필자에게 피아노를 쳐보라고 권했지만 괜히 명함 내밀었다간 국가적인 망신만 시킬까봐 무게만 잡고 피아노 근처에는 가질 않았다.

아무튼 음악이 있어서 그런지 촬영장의 분위기는 한층 더 부드러워지고 촬영은 중반을 넘어 막바지 작업으로 분주해졌다. 이번엔 지친 군인들이 피아노 치는 소녀의 모습에 감동해 총을 땅바닥에 던지는 장면을 촬영할 차례다. 이 컷의 촬영을 위해 우리는 촬영에 참가중인 러시아 군 총사령관에게 협조를 요청했다. 그러나 총은 제2의 생명이라는 말이 이곳에서도 통용되는 듯 우리들의 간절한 부탁을 딱 잘라 거절했다.

이제 남은 것은 아르메니아 군 책임자뿐이었다. 우리 CF의 상징적인 의미가 바로 평화라는 사실을 몇 차례 들은 터라 무척 난처해하는 표정을 짓던 아르메니아 군 책임자는 딱 두 번의 기회를 허락했고, 또 총을 절대 무릎 위 이상의 높이로 던져서는 안 된다는 조건까지 덧붙였다.

하지만 이 장면이 제대로 찍히려면 아무리 고속촬영을 하더라도 1, 2미터 이상의 높이에서 땅바닥에 힘차게 내던져도 우리가 원하는 장면이 나올까 말까 한 상황이었다. 하는 수 없이 그의 말에 동의하고 다시 한번 방법을 궁리하기로 하였다. 그러던 중 촬영이 진행되는 동안 내내 촬영진과 함께 행동하던 군 총책임자가 잠시 화장실에 갔는지 보이질 않았다.

기회는 이때다 싶었다. 우리는 기다렸다는 듯이 서둘러 카메라의 앵글을 잡고 촬영을 시작했다. 배짱 좋기로 소문난 우리의 촬영 감독이 직접 총을 잡고 온 힘을 다해 땅바닥에 내던졌다. 이러기를 수십 차례, 총이 부서지기 일보 직전에 우리가 원하는 장면을 건질 수 있었다. 그 와중에 필자는 지리를 비운 사령관이 돌아오시나 않을까 노심초사 망을 보고 있었다. 만약에 들켰으면 우리들은 지금도 아르메니아에서 총기를 수리하고 있었을 것이다.

이렇게 해서 또 하나의 귀중한 컷을 찍을 수 있었고, 잠시 후 나타난 사령관은 다행히 아무것도

러시아, 아르메니아, 프랑스, 미국, 한국인이 함께 제작한 영창피아노 평화의 소리 편은 그야말로 다국적 CF였다.

눈치채지 못했다. 주위에서 총 던지는 장면을 바라보았던 많은 군인들도 모두들 '쉬쉬' 하며 우리 편이 되어 주었다.

모든 촬영 일정을 무사히 끝마친 한국 스태프들은 그동안 정들었던 그곳의 현지 스태프들, 그리고 촬영에 참가했던 많은 현지인들과 아쉬운 작별 인사를 나누었다. 처음 이곳 사람들을 접했을 땐 외지인을 대하는 냉소적인 눈빛에 다소 긴장하기도 했지만 시간이 지나면서 그것이 필자의 괜한 선입견이었음을 알게 되었다.

가는 곳마다 손을 흔들며 우리를 반겨주었고 열심히 일해주었다. 섭씨 40도가 넘는 사막의 무더위 속에서도 불평 한마디 하지 않으며 촬영에 몸을 아끼지 않고 협조해주었던 그들의 모습에서 오랫동안 느껴보지 못했던 순수함을 느낄 수 있었다.

자신이 직접 조각하여 만든 나무십자가 목걸이를 건네주며 잘 가라고 악수를 청하던 어느 군인의 모습이 아직도 눈에 선하게 남아 있다. 이 글을 통해 영창피아노 신규 TV CM 제작을 위해 몸을 아끼지 않고 일해주었던 모든 분들께 다시 한번 감사의 마음을 전하고 싶다.

이유용(CM 플래너)

09_아이캐칭형eye catching

영비천

자황

태평양 '라네즈 울트라 하이드로 에센스'

S. 에스닷

영비천 러시아 우주비행사 편

영비천!

러시아 우주비행 연구센터 공식 음료 지정

강한 체력과 인내력이 요구되는 우주비행

영비천을 마신다.

영지버섯 함유 드링크 영비천!

쌉쌀해요! 영비천

〈제작노트〉

한국과 러시아 사이에 우주 협력 협정이 체결됨에 따라 2007년쯤이면 한국 우주인이 탄생할 것이라 한다. 그런데 이미 나는 10년 전 1995년 3월, 일양약품의 '영비천' CF 촬영 건으로 한국인으로서는 첫 우주인의 영예를 안았으니 지금 생각하면 정말 꿈만 같은 일이다.

1990년대의 CF계는 해외 로케이션 붐이 일었다. 파리, 뉴욕, 시드니, 베이징, 베니스 등 한국 CF 촬영 팀이 세계 곳곳을 누비고 다닐 때였다. 그러나 냉전은 채 가시지 않은 상태였다. 그럼에도 우리는 광고주를 설득하여 소련의 우주선을 타기로 했다. 건강 음료인 영비천은 건강 음료 시장 점유율에서 앞서 있었으나 유사 제품이 많이 출시되어 확실한 브랜드의 이미지를 각인시킬 필요성을 느꼈던 것이다. 따라서 광고주는 엄청난 비용을 감수하고 이 프로젝트를 받아들였다. 그러나 소련의 미르 우주비행기지측에서 엄청난 대가(달러)를 요구하였다(미국의 나사 기지였다면 어떤 조건도 허락하지 않았을 것이다).

우리는 지루한 협상 끝에 적정선(그러나 결코 만만치 않은 대가)에서 타협하고, 소련의 미르 기지로 향했다. 미르 비행기지(발사대)는 초특급 군사 지역이므로 거기까지 가는 데는 미사일 레이더 기지와 미그 전투기 제작소를 경유해야 했다. 그 어마어마한 터널을 통과하면서 우리는

10여 곳의 초소에서 정밀 체크를 받았다. 더구나 우리는 남한에서 온 사람들이 아닌가. 초소마다 경비원들의 의심쩍은 눈초리가 지금도 눈에 선하다.
그 살벌한 경비 초소를 통과할 때마다 우리 제작팀 일행을 안내한 소련의 우주 영웅 볼코프 대령의 노고가 없었다면 아마도 중도에 포기하고 돌아와야 했을 것이다. 소련의 우방 국가인 북한 관계자들의 촬영은커녕 견학도 허락하지 않았던 그들이 아닌가?
어쨌든 무사히 미르 기지에 도착하니 현지의 고급 지휘관이 우리 일행을 맞이했다. 그러나 촬영 내용과 스케줄을 듣더니 어이없고 황당하다는 표정을 지으며 단호하게 안 된다고 하였다. 그러자 볼코프 대령이 이 한국인들은 한국에 있는 국립병원에서 정밀 신체검사를 마쳤으며, 우주에 며칠이나 머물 것이 아니고 단 몇 시간 정도만 머물며 촬영할 거라고 설득했다. 동시에 만일의 경우 신체에 이상(사망까지)이 발생할 경우, 우리의 책임으로 하겠다는, 미리 작성한 각서까지 제출하였다.

30,000피트 상공의 우주 정거장에서 촬영을 끝내고 한 컷. 가운데가 볼코프 대령(1995. 3)

미르 기지의 고급 지휘관은 떨떠름한 표정으로 각서를 훑어보더니 원칙적으로 하면 1년 반 정도의 훈련을 거쳐야 우주선 탑승이 가능하다고 하였다. 그는 미르 기지에서 정밀 신체검사, 심리검사, 과학상식 시험, 로켓구조, 기초과학, 재료처리 등 우주 관련 지식을 습득하는 것이 정도라고 재차 강조하면서 차후의 사고는 책임지지 않겠으나 적어도 낙하산 투신 교육, 기내에서의 유영시 주의할 동작 등 최소한 기초교육은 마쳐야 한다고 선언하였다. 할 수 없이 우리 스태프 세 명은 48시간의 벼락훈련(?)을 마치고 나서야 모험에 들어갈 수 있었다. 그런데 비행 날 아침이 되자 식사를 못하게 하였다. 우리는 의아해하면서 우주선에 올라탔다. 그리고 그 이유를 기내에 들어가서 알게 되었다. 소련인 카메라 감독의 입에서 그가 마셨던 콜라가 둥둥 떠다니는가 하면, 영비천을 마신 볼코프 대령의 입에서 영비천 방울이 떠다니는 게 아닌가!
마침내 촬영에 들어갔다. 그런데 모델인 볼코프 대령의 동작선과 멘트 등은 모스크바에서 수십 번 리허설을 한 덕에 별 무리 없이 촬영을 할 수 있었으나 다른 NG가 발생했다. 그가 영비천을 쥘 때마다 영비천 상표를 감싸는 바람에 상표가 보이지 않았던 것이다. 그렇게 수십 번의 NG 끝에 결국 촬영을 마쳤다. 10여 시간의 전쟁 같은 촬영을 끝내고 기지에 안착했을 때 스태프는 모두 지쳐 쓰러졌다. 그러나 CF 감독으로 일한 30여 년 동안 이토록 희열을 맛본 적이 있었던가 싶다.

감독 김영욱

자황

① 깃발 편 1994

② 북 편

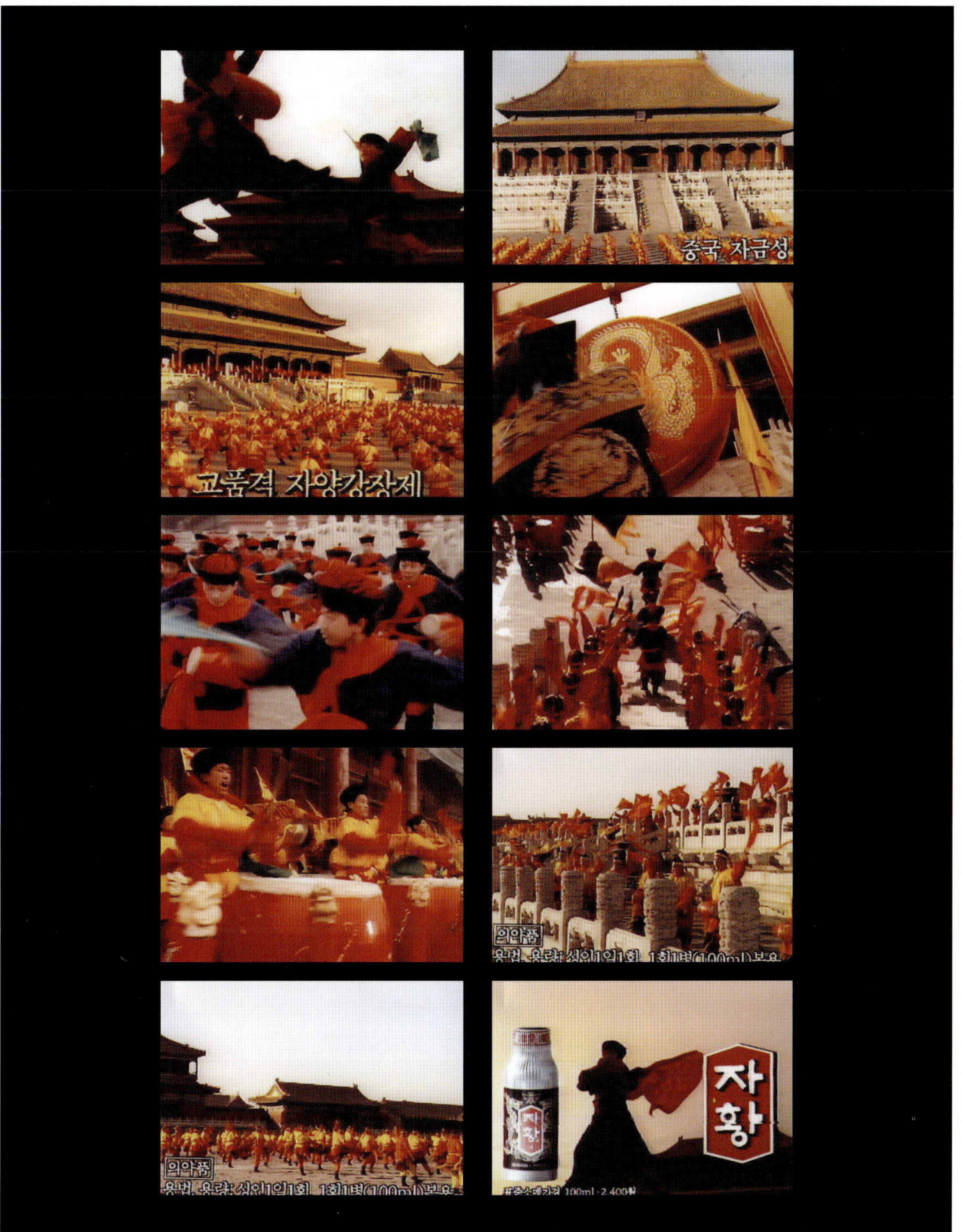

〈제작노트〉

1994년 12월, 한국 최초, 아니 세계 최초로 중국 자금성에서 한국 광고 촬영이 이루어졌다. 콘티 작업만 무려 3개월이 걸렸고, 로케이션 헌팅과 가능성을 타진하는 것에도 2개월이 걸렸다. 그때까지만 해도 폐쇄적이던 중국에서 CF를 촬영한다는 것, 게다가 다른 곳도 아닌 황제가 살았던 자금성에서 한다는 것은 거의 불가능한 일이었다. 하지만 광고주에겐 다른 콘티는 눈에 차지도 않았다. 그래서 결국 뚝심 강행으로 결정되었다.

우선 당시 프로덕션의 기획실장이었던 최종원 씨가 직접 현지에서 실력자를 찾아다니며 'OK' 라는 대답을 받아내기 위해 보름 이상을 기약 없이 중국에서 그들과 주야로 친분을 쌓았다. 그러자 지성이면 감천이라고 했는가, 마침내 거의 한 달 만에 한국에서 조마조마하게 기다리던 스태프 팀에게 최종원 씨의 감격에 찬 목소리가 들려왔다.

"OK! 건너오십시오."

그러나 허가를 받긴 받았는데 또 다른 문제가 생겼다. 수많은 엑스트라를 어디에서 동원하고, 연습은 또 어디에서 얼마나 한단 말인가? 겨울 날씨의 대책은? 제작비는 얼마나 더 들 것인지…… 그러나 뜻이 있는 곳에 길이 있다고 했다. 광고에 나왔던 2천여 명의 군무를 추는 사람들은 다름 아닌 중국 인민해방군의 군인이었다. 군대에도 특화된 부대가 있었는데, 우리를 도와주던 중국의 지인이 수소문 끝에 그런 부대를 찾았고, 한국에서 수백 장의 깃발과 소품을 공수하여 추운 겨울날에 보름 이상을 연병장에서 '중국 국립 가무단' 과 함께 땀을 흘렸다.

드디어 촬영을 개시하였다. 깜깜한 새벽 정적을 깨고 수십 대의 병사를 실은 트럭과 또 다른 십여 대의 촬영 및 조명 기자재, 그리고 현지 스태프를 실은 차량들이 등장하자 그 장관에 한국 스태프들은 입만 벌리고 있었다. 그런데 날씨가 문제였다. 조금씩 내리던 눈은 그칠 줄을 몰랐다. 우리는 다들 할 말을 잊었다. 철수!

그러나 다음날도 새벽부터 눈이 내렸다. 그리하여 또 철수! 그러기를 사흘째…… 한국 팀은 초조해지기 시작했다. 언제까지 마냥 기다릴 수는 없는 일이었다. 누군가의 입에서 조심스럽게 한국으로 철수해야 한다는 얘기도 나왔다. 마냥 기다리기만 한 지 나흘째, 오늘도 안 되면 철수하자고 약속하고 새벽에 집합을 했다. 그런데 하늘이 도왔는지 눈이 그쳤고, 중국 인민군 2천여 명이 달려들어 자금성의 눈을 빗자루로 쓸었다. 그날이 12월 24일 크리스마스 이브였다. 24, 25일 이틀 동안 중국 국립영화소의 수십 명의 스태프들과 어마어마한 양의 기자재를 동원하여 자금성 최초이자 마지막일 CF 촬영을 성공리에 마쳤다. 우리 한국 스태프들은 광고 촬영을 무사히 마치고 중국에서 웃으며 돌아올 수 있었다.

감독 이운용

태평양 '라네즈 울트라 하이드로 에센스' 1998

Na : 피부가 심하게 건조하세요?
수분을 빈틈없이……
라네즈 울트라 하이드로 에센스
피부가 마를 틈이 없어요.

STAFF | 기획 : 김태곤
제작 : 김규환(유레카)

〈기획노트〉

사람의 피부는 크게 지성과 건성으로 나누어진다. 지성은 말 그대로 피부에 유 · 수분이 많아 번들거림이 두드러지고, 건성은 반대로 유 · 수분의 부족으로 인해 피부가 거칠거칠해 보여 건강미가 떨어진다. 그래서 여성들은 자신의 피부 타입을 파악해 거기에 맞는 제품을 사용해야 한다.

라네즈 울트라 하이드로 에센스는 말 그대로 건성 피부를 위한 제품이다. 이번 광고의 콘셉 역시 제품이 바로 이야기해주었다.

우리들은 곧바로 아이디어 회의에 들어갔다. 이번 콘셉은 너무나 명확하여 팀원들은 쉽게 풀어 나갈 수 있을 것 같았다. 그러나 콘셉이 명확해서인지 생각보다 쉽게 잡히지 않았다. 우리는 아이디어 싸움에 돌입했다. 아이디어는 항상 제품에서 찾고, 쉬워야 한다는 원칙이 이번에도 내 머리를 그냥 두지 않았다. 그래서 찾았다. 그리고 너무 쉬웠다. 건조하면 불이 난다. 너무 건조하면 불이 난다. 수분이 충분하면 손으로 만져서도 금방 알 수 있다. 당연히 물방울이 튈 것이다. 그래서 생각나는 물건이 있었다. 성냥이 바로 그것. 그것도 딱성냥이다. 딱딱한 물체와 마찰을 일으키면 불이 나는 물건. 그래서 나는 이러한 이야기로 아이디어를 전개했다. 하지만 너무나 쉽고 간단하다는 이유로 단번에 박살나고 말았다.

1차 리뷰 실패, 계속되는 아이디어 회의, 그러나 계속 머리에서 맴도는 것은 새로운 아이디어가 아니라 처음에 낸 아이디어에 머무르며 그것을 계속 발전시키고 있었다.

결국, 우여곡절 끝에 아이디어가 통과되었고, 제작에 들어갔다. 그리고 심의에 들어갔다. 하지만 방송 불가!

너무 위험하고 아이들이 따라할 수 있다는 이유에서였다. 심의 전문위원님과 상담이 시작됐다. 성냥은 위험하다는 얘기였다. 그래서 고민고민하는데 난데없이 위원님이 주시는 아이디어다.

"손가락으로 빰을 그어봐. 그 다음에 손가락에서 불이 나면 내가 통과시켜줄게."

처음에는 이상하다고 생각했는데 생각해보니 성냥보다 더 좋은 아이디어였다. 우리는 다시 촬영하고, 심의하고, 시사하였다. 처음에는 심심했는데 보면 볼수록 여러 군데에서 좋다는 평가가 들려왔다. 물론 제품 판매도 상당한 성과를 보였다. 그래서 한번, 국제광고제에 출품해보자 싶었다. 남녀노소, 동서고금을 망라하고 다 공감할 수 있을 것 같은 소재였기에 자신감이 있었다. 좋은 결과가 나왔다.

지면을 빌려 모든 스태프에게 감사드린다. 특히 광고심의실의 김규섭 전문위원님에게 정말 감사드린다. 딱성냥에서 손가락으로, 그래서 오히려 더 좋은 크리에이티브로 발전할 수 있게 해주신 것을……

PD 김태곤

S. 에스닷

10_이미지 광고형image ad

Let's KT

현대증권 '유 퍼스트'

Let's KT 2002. 5

현대증권 '유 퍼스트' 2002. 1

11_3B형baby, beauty, beast

파리바게트

KTF 디카폰

Let's KT '네트워크로 하나 되는 나라'

서울우유

파리바게트 2003. 4

〈기획노트〉

“빵은 세상을 행복하게 합니다”라는 카피와 함께 새 TV 광고를 선보인 파리바게트의 어린 남매 편에서 정우성은 카메오로 전락하고 말았다. 이국적인 분위기의 예쁜 거리에서 여자 아이가 자기 얼굴만한 크루아상을 맛있게 먹고, 그 옆에는 남동생으로 보이는 아기가 평화롭게 유모차에 누워 있다. 그러나 맛있게 빵을 먹고 있는 누나를 보는 순간, 자신도 먹고 싶어 그만 울음을 터뜨리고 만다. 누나는 빵과 아이를 번갈아보며 고민한다.

‘이 맛있는 걸 줘야 하나?…… 그래도 동생인데 줘야지.’

누나는 동생에게 기꺼이 맛있는 빵을 양보한다. 그런 누나의 마음을 알았는지, 아기는 맛있게 빵을 먹는다. 누나는 동생에게 준 빵에 미련이 남는지 유모차에 떨어진 빵 부스러기를 주워먹는다. 그러자 이를 지켜본 정우성이 착한 누나에게 빵을 주고, 함께 유모차를 끌고 가면서 광고는 끝을 맺는다.

KTF 디카폰

Na : KTF 디카폰!

STAFF 제작 : 브랜드 위원회
감독 : 박찬도

Let's KT '네트워크로 하나 되는 나라'

서울우유

〈기획노트〉

"엄마가 몇 번 말했어? 거짓말 하는 사람 엄마 딸 아니라고 그랬지?"

엄마는 네 살배기 딸을 호되게 다그친다. 목이 터져라 울던 딸은 "엄마 딸 하고 싶어~"라고 울먹인다. 엄마는 눈물로 얼굴이 범벅이 된 딸이 안쓰러운지 꼭 끌어안는다. 그리고 우유 한 잔을 주며 묻는다. "이제 엄마 딸 할 거지?" 입가에 하얀 우유 수염을 단 딸은 웃으며 고개를 끄덕인다. 엄마는 속으로 '사랑한다, 사랑한다, 사랑한다' 를 되뇐다.

가족 간의 사랑을 우유에 담아 전달한다는 서울우유 광고 시리즈 중 미운 네 살 편이다.

'사랑한다' 를 세 번 반복하는 어머니 대사에는 '하루에 우유를 세 번은 마시자' 는 메시지가 은근하게 담겨 있다.

12_유머형humour/엽기형kitsch

맥도날드 치즈버거

700-5425

롯데리아 크랩버거

맥도날드 치즈버거 2002. 3

Na : 아~ 치즈버거 단돈 800원
맥도날드

STAFF | 대행사 : 레오버넷 선연
기획 : 박광현
제작 : 쥬 프로덕션
감독 : 김종원

700-5425 2002. 7

남 : 나한테 전화 좀 해봐.
여 : 귀찮아, 귀찮아, 귀찮아.

Na : 바꿔봐 컬러링

700-5425

남 : 너를 위한 용 리듬이야.
여 : 키스 미

여 : 그리고……

STAFF
대행사 : 마치 컴퍼니
기획 : 임현규
제작 : 픽스
감독 : 이승주

〈기획노트〉

엽기적이다. 엽기의 매력은 추함에 있는 걸까?
뭔가 모르게 덜떨어져 보이는 외모(몸치)에 쓰레기통 같은 방에 개가 수박을 핥는 등……
대중이 선호하는 텔레비전 스타와 정반대의 모습에 뜻밖에도 시청자들이 친밀감을 갖는 것이 아닐까?

롯데리아 크랩버거 2002. 8

남 1 : 야~ 게다!
노인 : 니들이 게 맛을 알아?
Na : 게 속살로 만든 크랩버거
롯데리아

STAFF
대행사 : 대홍기획
기획 : 이상준
제작 : 리틀쥬 프로덕션
감독 : 이지형

망망대해~
비행기 Shot
분위기
Camera↓

♫ BGM♪
"영화음악 주제곡
노인과 바다에
나오는 노인처럼
"억척스럽고
고집통의 캐릭터,
"장인정신"의
심벌로 설정.

찢겨진 돛,
낡은, 오래된
밧줄,
아주 작은 나무
쪽배.

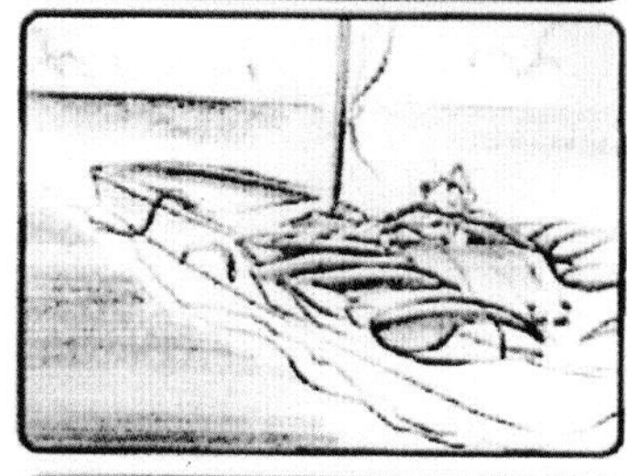

→ 손 메이크업 (러닝 조각)
세월의 사투가 느껴지게.

- 까맣게 탄 얼굴
- 덥수룩한 수염
- 파도와 더위에 갈증, 피로감에 지친 표정

비장한 느낌이 들도록 표정.

덤덤한, 놀랜 표정 엇갈림.

어부들 ?!
"어~

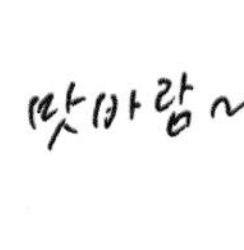

큰어선 ←

맞바람~

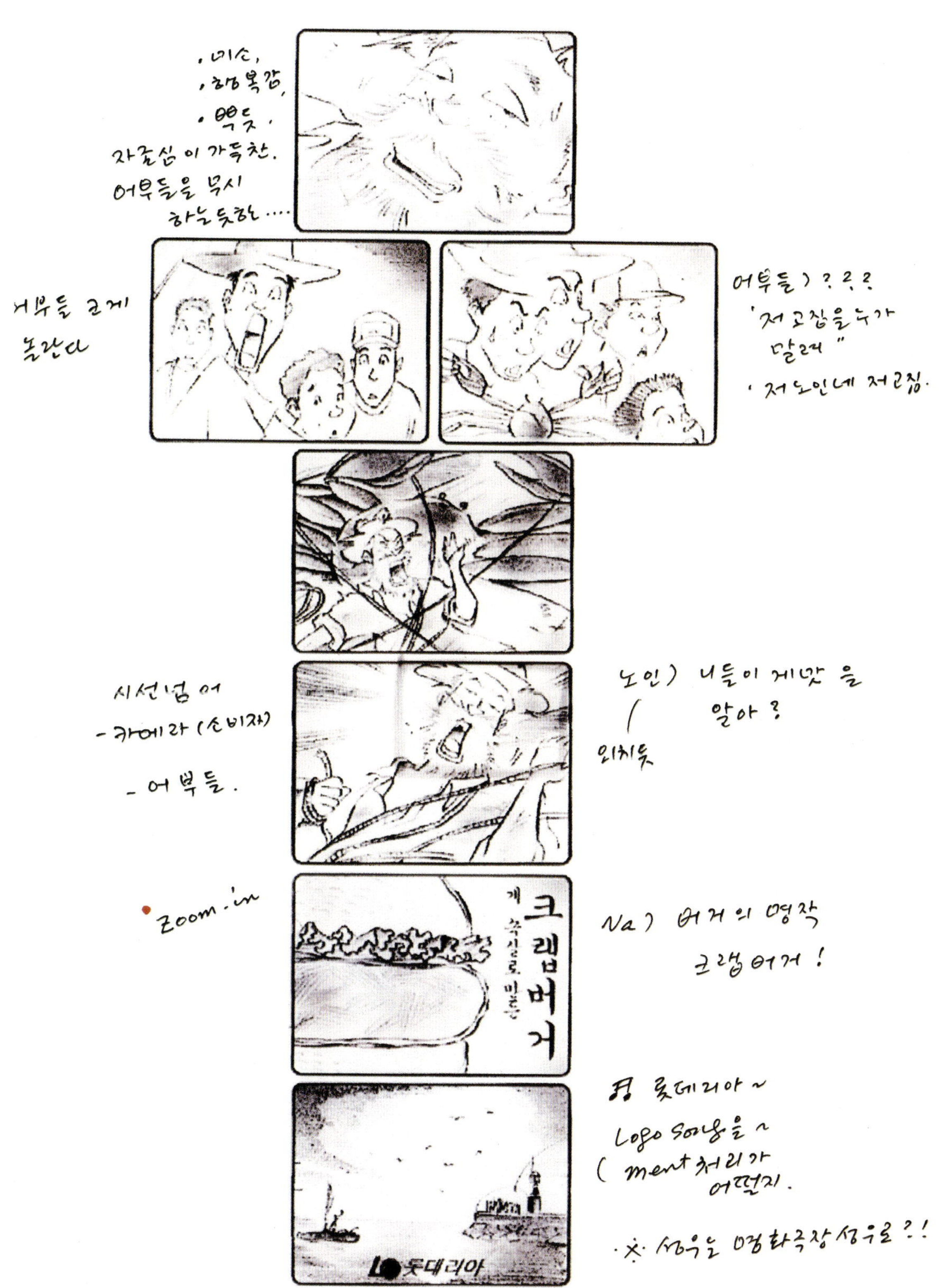

·미소,
·행복감,
·뿌듯.
자존심이 가득찬.
어부들을 무시
하는듯한....
어부들 크게
놀란다
어부들) ????
'저 고참을 누가
말려"
'저 노인네 저고집.
시선넘어
-카메라(소비자)
-어부들.
노인) 니들이 게맛을
알아?
외치듯
·zoom·in
크랩버거
Na) 버거의 명작
크랩버거!
♪ 롯데리아~
Logo Song을~
(ment처리가
어떨지.
※ 성우는 영화극장 성우로?!
롯데리아

13_옴니버스형omnibus

롯데리아 버거짱 시리즈
전주비전대학 '힙합'

롯데리아 버거짱 시리즈 중 짜장 편

〈롯데리아 TV CM 스토리보드 버거짱 시리즈 중 짜장 편〉

Na : 콕~ 찍어라! 이 기발함과 독특함-
ALT : 하나 찍으면
그걸로 끝을 본다.
롯데리아 버거짱 시리즈 야!심!작!
롯데리아~

〈제작노트〉

롯데리아의 신제품 '버거짱'의 런칭은 한 편이 아닌 세 편으로 옴니버스 형식으로 꾸며졌다. 신제품인 버거짱의 속살(맛)이 김치맛, 카레맛, 짜장맛 세 종류.

한 모델에 세트 분위기, 의상 컬러를 각각 맛(김치=빨강, 카레=노랑, 짜장=진갈색)에 따라 설정하였고, 더하여 콧잔등엔 귀여운 점처럼 빨강, 노랑, 진갈색의 밥알 모양의 작은 점으로 꾸며 각각의 맛을 상징하였다(세 작품의 컬러 설정에서 키에슬로프스키 감독의 삼색 Red, Blue, White가 연상된다는 주변의 이야기도 있었지만……).

카메라 워킹은 흔히 패스트푸드 광고류의 파편의 이미지들의 조합, 빠른 템포, 플래시 컷의 연속 등을 떠올리지만 고정된 틀을 벗고 싶었다. 그래서 모델을 화면 중앙에 바스트 사이즈로 놓고 롱 테이크로 잡았다. 그리고 에필로그에서 콧잔등에 앙증맞게 붙어 있는 것을 클로즈업시켜 조용한 임팩트 효과를 노렸다.

내레이션은 모델의 립싱크가 아닌 모델 자신이 독백하듯 잔잔하게 읊어 나갔다. 이 세 편은 일정 기간 집중적으로 컬러별로 연속 방송되어 짧은 기간에 새로운 '버거짱'을 각인시켰다고 자부한다. 감독으로선 새로운 연출 포맷을 펼친 데 대해 기쁨을……

감독 차석호

전주비전대학 '힙합'

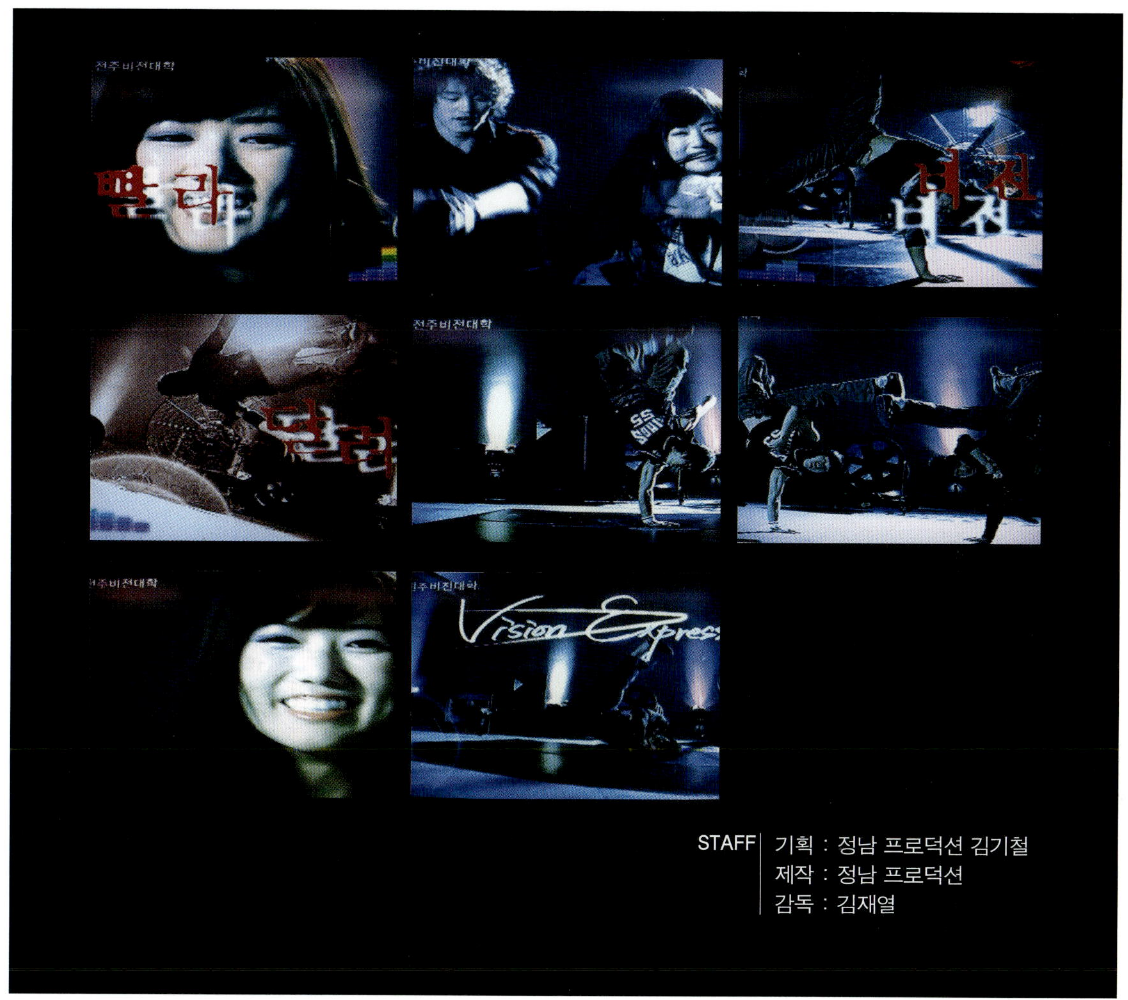

〈기획노트〉

젊은이들에게 친숙한 비주얼과 강한 메시지를 담은 full song(랩)은 강렬하고도 쉽게 전주비전대학의 정체성과 브랜드 이미지를 심어줄 수 있다.

최근 젊은이들 사이에서 유행하고 있는 b-boy와 힙합문화를 다이내믹하면서도 정교한 촬영기법을 통해 보여줌으로써 시각적인 차별화를 주고, 남보다 빠르게 사회에 진출할 수 있다는 것, 짧지만 꽉 찬 2년을 보낼 수 있다는 내용의 가사를 통해 학생들에게 자부심을 심어주고자 하였다.

20초라는 짧은 시간 안에 '랩'을 통해 전달되는 메시지는 쉽지만 강하게 어필할 수 있으며, 타 대학의 천편일률적인 내용의 광고와는 확실한 차별화를 가져올 수 있으리라 기대한다.